流下來的眼淚就當給自己澆澆水

木木の口袋

前言

在現實生活裡，如果能試著相信一點小魔法就好了。

一開始，會用木木の口袋這個社群帳號創作道具，是希望我們的生活可以像哆啦A夢的大雄一樣：當遇到困難時，不必再只能自己撐著，而是有某種奇怪又可愛的魔法小道具可以拿出來用。那些道具，陪我度過低潮、裝備勇氣，也陪我慢慢長大。

做到後來我發現，魔法也許真的存在，我做的道具並不完全是幻想。有些看似不可思議的事，其實是可以實現的——只要願意花時間，或換個角度，它們可能會比想像中更快出現。我只是把這些可能性「道具化」，讓它們變得更好懂、更具象，也更好啟動。

我們首先相信，再去實現，就能一點一點擁有把幻想變成現實的能力。

這本書，就是從這樣的心願出發，收錄了四十多件道具，搭配故事、圖鑑與使用說明。它們也許無法立刻幫你解決問題，但或許能在某個瞬間，讓你心裡鬆一口氣，領悟到：「啊！原來可以這樣想。」

你可以從頭開始閱讀，也可以隨手翻開一頁。把它當成收藏、筆記、療癒小卡，或只是桌上靜靜陪著你的小小道具也可以。

這本書會來到你身邊，不是偶然。或許是命運想提醒你，是時候多照顧自己了；或許是你正卡在某處，剛好需要一種不一樣的夥伴。

無論原因是什麼，如果這些道具能陪你多走幾步，或哪怕只是讓你放鬆一下，那它們就完成任務了。

希望這本書，能變成你成長路上的口袋裝備之一。

——木木

Contents

2 Chapter 當你需要社交生存手冊

3 Chapter 當前方的路是一道道選擇題

4 Chapter 當人生GPS失靈

5 Chapter 當心事行李箱超載

6 Chapter 當幸福開始貶值

7 Chapter 當你終於抵達

Chapter 1

當你忘記為何出發

目的地很遠，但別忘了，

你走的每一步都算數。

01
白日夢想夾

幻想，是現實最初的草稿

常有人潑冷水：「這只是一場白日夢。」
──那又怎樣？

在腦袋旁夾上白日夢想夾，
腦海裡的幻想就會一一實現！

那些一閃而過的衝動，那些讓你失眠的渴望，
那些藏在心底，想著「總有一天」的期待……

別害怕，大膽去幻想吧！
一切可能性，就在這些白日夢中悄悄萌芽。

「一切到底是從哪裡開始的呢？」

在創作與工作的間隙、季節與日夜的輪替中，我的腦袋偶爾會冒出這個問題。每一次的講座與訪談中，也都一定會有人問起——「為什麼創立木木の口袋？」

我很想說出一個特別有理想、振奮人心的答案，但事實上，這個帳號只是很單純地誕生在一個平凡的夜晚。那時剛過完年，深夜中，我盯著手機螢幕的眼神開始失焦，於是帶著一些奇怪的思考入睡，在夢中闖進了一個奇幻的世界。

那個地方比現在木木の口袋的所有作品都還要夢幻。具體的細節我已經忘記了，只記得自己在夢裡短暫抽離了日常生活，沉浸在那片奇妙而自由的世界，捨不得醒來。夜晚過去，當我睜開眼，一切都消失了，只剩下清晨的空氣，以及一種說不上來的空虛感。

「好想把夢記住啊……」

如果可以的話，我想要繼續那個夢境，或者至少能把那些畫面記錄下來！當時的我想：要是有一頂帽子，戴著它睡覺就能把夢境存檔，醒來後只要再戴上，就能重新進入那個夢，那該有多好啊？

就像哆啦A夢一樣，擁有神奇的道具，是不是就能把那些幻想變成現實呢？這個念頭來得又快又猛，在那一瞬間我想——不如就自己做出來吧！

於是，我開設了Instagram帳號，用大學時自學的3D技能，重現那些童年記憶裡的哆啦A夢道具，並分享到網路上。**那時的我沒想太多，只是覺得好玩，沒想到這些作品引起了不少人的共鳴。**甚至有一天，哆啦A夢的官方網站聯繫了我做採訪，後來還登上知名雜誌THE BIG ISSUE的封面。

從那時開始，我的創作不再只是童年回憶的延伸，而是慢慢長出了新的形狀。我開始從身邊的人、朋友、同事，甚至網路上的陌生人身上汲取靈感，不斷地思考：「如果有一個這樣的道具，能不能讓大家的生活變得更有趣一點？」

有些道具是為了好笑，有些則是為了安慰人心，還有些只是單純想讓普通的日子多一點奇幻感。我透過3D，把只存放在想像中的點子變成具象的作品，而它們就像一顆顆種子，有些發芽成為合作機會，有些則結果為實體化商品。

那之後的日子，我幻想過許多道具，也描繪過無數看似遙不可及的未來。**那些被別人稱作「白日夢」的想法，卻在經營木木の口袋的過程中，一點一點成真了：**

開設了千人參與的線上3D課程，讓來自各地的學員踏入創作這條路；將透過募資成功推出的百萬級實體化商品，送到許多人的手中；受邀到各大學舉辦講座，與不同領域的創作者交流……甚至，在品牌合作、媒體訪談的機會中，看見自己的作品與更多人產生連結。

這些曾經只是腦海中的草稿，如今竟一一落實。

一路走來，我一直以為「能記錄夢境的帽子」是我的第一個創作道具。但現在回頭看，好像也不是。或許，在那個無聊的夜晚，當我想要繼續那場白日夢時，就已經被未來的自己偷偷戴上了「白日夢想夾」。

不然，怎麼解釋這些幻想，竟然都逐步實現了呢？

白日夢想夾，木木の口袋的第一個道具，獻給所有腦海裡充滿奇想的你。**那些藏在潛意識、只敢在夢裡偷偷展露的畫面，或許有一天，真的會悄悄踏進你的現實世界。**

所以，大膽地去做夢吧！因為**幻想，就是現實最初的草稿，也是所有可能性誕生的地方。**

02

衝動毛毛蟲

不存在好或不好的決定，
只有你決定之後把它變得好或不好

當你衝動時，衝動毛毛蟲會出現在你的腦中，
牠會慢慢地提醒你……

提醒你凡事三思而後行？
不不不，牠才不是那種普通的毛毛蟲。

當你衝動了，
就跟隨自己的心意吧。

雖然世界雜草叢生，我們可能會因此付出一點代價。
但……爲自己跨出那一步的感覺，很好對吧？

人生充滿許多衝動的瞬間，無論是大事還是小事。想買某件大衣、想傳達滿溢的心意、想實現某個盤旋已久的念想。但是，當你分享這樣的想法，總會有人回應：「這個決定會不會太衝動了？」

真的是這樣嗎？

如果某個念頭像揮之不去的bug一樣，反覆出現在你的腦海，那麼**它或許不只是衝動，而是一種潛藏在內心的驅動力，推動你去正視自己的渴望、做出改變。**

「衝動毛毛蟲」，就是這樣誕生在我離職的那一年。

其實，我從來沒有想過自己會離開公司，成為自由創作者。在這之前，我一直待在廣告公司，也認為自己會在這個領域長期耕耘，服務客戶直到退休（想得好淺又好遠）。

那時，工作能帶給我挑戰，也有一種既定的安全感。每天的生活就是接brief*、發想、設計、修改，來回調整到客戶滿意。即使偶爾覺得疲憊或受挫，我仍然相信這是一條穩定成長的道路，甚至覺得這就是「成為專業」的唯一方式。

但是，就在那一年，許多意外接連闖入我的生活，一次次打亂我以為穩定的秩序。

長期的忙碌讓身體開始亮起紅燈，疲勞像積塵一樣揮之不去，頭痛、胃痛、失眠成了日常。不只是我，爸爸也突然生重病，家人數次收到病危通知。每次從醫生那裡聽完報告，我就會在夜裡不停搜尋那些陌生的醫學名詞，直到焦慮的思緒被起床的鬧鐘打斷。

當時的我一邊應付時間緊迫的工作，一邊找時間回家，但內心也知道，如果爸爸的身體短時間內無法好轉，目前的生活方式並不是長久之計。同一時間，有線上課程平台向我拋來合作機會，邀請我開設3D課程；這本該是一件值得開心的事情，卻因為工作壓力只能擱置。

一切都來得太突然了，我根本沒時間好好想清楚，這是不是我想做的事。

而事情到此還沒結束，租屋環境的混亂成為壓垮我的最後一根稻草。鄰居精神狀況不穩，半夜經常發出詭異的聲響，讓本就疲憊的我根本無法好好休息。白天忙得喘不過氣，晚上連個安靜的空間都沒有。

我開始有種「受夠了」的感覺。受夠了自己的無能為力，受夠了天將降大任於斯人也必先苦其心志的狗屁自我安慰，**受夠了成為一名沒有時間崩潰的大人。**

啊真的是，不管了，我要崩潰了！我要離職！必須離開！不能繼續下去了！——這些想法占據了我的腦袋。但我真的有辦法說離職就離職嗎？

工作才三年，存款不多，創作也還沒賺到任何收入，我之後靠什麼生活？除了金錢上的焦慮，還有一種身分上的不確定——**如果離開這間公司，我將為了什麼而工作？**

那之後的每天，我的腦中不斷上演辯論賽。

一方堅持現實與穩定，提醒我自由工作充滿未知，沒有固定薪水、沒有任何保障，甚至可能讓一切變得更糟。好不容易站穩腳步，真的要放棄嗎？

另一方則低聲勸說：「妳已經身心俱疲了，這樣下去，真的還撐得住嗎？」這聲音不像衝動，反而是疲憊到極致後的清醒。我開始意識到，讓我遲遲不敢離開的，不只是害怕未知，而是我長久以來的習慣——**習慣了忍耐，習慣了告訴自己「再撐一下就好」，習慣了把自己的需求放在最後。**

說來巧合，那段時間，公司裡陸續有年輕人離職。某天，在創意部的交流大會上，老闆希望透過主管們的分享，給員工一些信心，讓大家願意留下來。

在大會上，一名我很欣賞的主管分享了一句話：「不存在好或不好的決定，只有你決定之後把它變得好或不好。」

那句話像是一道解放的下課鈴，在我深陷選擇難題與自我懷疑時準時響起。這段時間，我不斷權衡離職的利弊，害怕走錯一步就後悔莫及，卻沒想過，**真正決定結果的，不是選擇本身，而是選擇之後怎麼走下去。**

就這樣，在一場本意為試圖挽留員工的交流會上，我悄悄地做出了決定。

我要離開了。

當週，我向公司遞出了離職申請。沒有過多猶豫，或回頭的打算。我決定空出更多時間陪伴爸爸，也趁機調養自己的身體，並回信確定了線上課程的製作日程。同時，我開始尋找新的租屋環境，或者乾脆搬回老家，給自己一個喘息的空間。

這個決定並沒有讓一切變得簡單，但是當我真正開始行動時，事情也在悄悄發生轉變——爸爸的病況逐漸穩定，我的健康狀況改善，時間變得自由，讓我能夠探索更多可能性。而線上課程帶來的穩定收入，則讓我得以專心創作，不必在現實壓力下匆忙妥協。

現在回頭看，這個決定在旁人眼裡或許過於衝動，甚至有些魯莽。明明待在業界夢寐以求的廣告公司，也生存得不錯，卻選擇裸辭；在沒有穩定案源的情況下投入線上課程，這樣的職涯選擇，多少帶著些不安定因素。

但結果如何，誰也無法預測，不是嗎？當時的衝動或許不會帶我直達完美的終點，但一定會讓我踏上改變的起點。

衝動不是bug，不需要急著「抓蟲」修正。

我們真正需要的，**或許只是好好聽從內心，勇敢做出選擇，然後在未來漫長的日子裡，讓這些選擇成為無悔的決定。**

＊ 指廣告公司或創意團隊收到客戶的需求說明書（brief），了解這次合作的目標、預算、受眾、內容方向、時間表等關鍵資訊，是整個企畫執行前最重要的溝通階段。

03

自信小熊印章

自信是一次次漫長的著裝，但能讓你茁壯

在皮膚上輕輕蓋下小熊印章，
就會瞬間獲得自信！

一次、兩次、再多一次，
自信開始累積，直到印記重疊，
這看似脆弱的著裝，也會讓你堅定地茁壯。

現在的你，
不用再等別人給你好寶寶獎勵，
直接拿起自信小熊印章，爲自己蓋章吧！

回想讀幼兒園的時候，安親班的老師會為每位小朋友準備一張白紙。如果當天完成老師指派的任務，或是幫助同學，就能獲得一個好寶寶印章。集滿印章，就可以兌換獎勵。

幼兒園畢業後，**那張蓋滿好寶寶印章的白紙不在了，卻又無處不在：**小學的聯絡簿、國中的評分表、高中的各種測驗、大學的競賽評比，乃至出社會後的業績與績效。

好寶寶印章能兌換的獎勵，從色鉛筆與文具組，變成他人的崇拜與愛慕，再變成金錢與名利。即使我明白，有些東西只是社會氛圍下虛假的追求，但擁有欲望的人不可能獨善其身。

我大概也是如此吧。

有時候，我會分不清自己的優點究竟是本性如此，還是因為知道這些優點能換來「好寶寶印章」，才刻意將自己塑造成那樣的人，以換取對應的獎勵。這並不是什麼大問題，就像人們常說的：「裝久了就像了。」即使這些優點原本不屬於我，但只要裝得夠久，連自己都騙過去了，那就是真的。

那段還在努力騙自己的日子裡，某天，我收到了大學母校的講座邀約。

這是我畢業後第一次回到校園演講，對象是一群還未經歷社會的學生。講座中，我分享了畢業後的發展歷程，因為當時還是一邊工作一邊經營創作的狀態，所以也聊到了許多職場經驗與創作心得。看著學生們專心又羨慕的眼神，我分神地在心裡想著：「哦……這大概也算是一種好寶寶印章吧。」

講座最後，我為每位學生發了一張白紙，邀請他們在上面創作自己的道具：只要畫出自己現在內心最想要的東西就好。

那天收到的道具五花八門：聞了就會變超級專心的「專注擴香瓶」、可以抑制壞脾氣的「好脾氣OK繃」、能邂逅少女漫畫情節般愛情的「少女情節魔法棒」，還有——蓋在皮膚任何地方，就能產生自信的「自信小熊印章」。

同樣是一張白紙，我總是想著如何在上面蒐集好寶寶印章，直到某天，有個人在我給出去的白紙上告訴我——**其實，你可以自己蓋上這個印章。**

原來還能自己給自己蓋章啊。

還可以這樣啊。

意識到這個事實的瞬間，我的白紙不見了，手中的好寶寶印章也變成了小熊印章。每次心情低落時，我都會為自己蓋上一個章。小熊印章帶來的自信，並不是道具虛幻的魔法，而是「自我相信」的開始。當我真正意識到，**信心是能從自己身上獲得時，那就已經是真正的自信了。**

謝謝那場講座中，將這個道具送給我的同學。現在，我也把它分享給你。**不要再拿著白紙等待別人蓋章，請直接拿起「自信小熊印章」，試著相信自己吧！**

自信是一次次漫長的著裝，
但能讓你茁壯。

04

試錯錢包

錯誤不是浪費，而是累積經驗值的過程

不合腳的鞋、無以為繼的感情、走不通的路，
人們常認為是浪費與錯誤。

但你放心，試錯錢包最討厭吃虧！

你花的時間與金錢，做過的決定與選擇，
若結果不如預期，沒關係，
這些成本都會回到試錯錢包裡，
等待你某天找到更好的時機，再次出手，
那些經驗會帶你走得更遠。

我記帳的習慣已持續五年。

一開始只是簡單記錄開銷，後來我漸漸把記帳本當作日記——「太餓了，買了宵夜$65」「雖然小貴，但來都來了，買個紀念品$699」「請客讓家人開心一下$1450」……翻開紀錄，就能回想當天的生活。

聽起來是不錯的習慣，對吧？但當消費超標時，我就會回頭檢視那些細瑣的開銷，開始自我檢討：這真的有必要嗎？買回來後其實沒怎麼用啊？這筆錢花得值得嗎？

這樣的習慣不僅限於金錢，當我在一件事上投入了大量時間與心力，卻還是發生問題時，我也會質疑自己：為什麼當初做了這個決定？

2024年底，木木の口袋開啟了招財公仔「刮刮樂呱呱*」的線上募資。在正式開始募資的前一年，我完全沒出過實體商品。像是打樣、宣傳、線上販售還有出貨與客服……這些我通通沒經驗。於是，在決定實體化刮刮樂呱呱後，我花了一年的時間學習，摸索如何完成這項任務。

一開始還算順利，認識的朋友們在籌備時給予大力協助，讓我有更多時間做其他準備——迎接一個又一個的問題轟炸！

太晚設立工作室，收款帳戶來不及申請、打樣顏色不如預期、訂單數量超出想像，成本與數量估算失誤、貨運的到貨時間不明……面對這些問題的我，連如何下訂出貨材料都需要向人請教，甚至連公司與行號的區別都不清楚，完全是個新手村玩家（隨時會被KO的那種）。

……沒人跟我說這項任務這麼可怕啊！！！！

「你想要的東西如此難得，很難得到，是應該的。」

我一邊這樣說服自己，一邊扛著壓力，努力尋找解決辦法。

所幸，所有的問題最終都在壓線時刻得到了通關攻略（這要講清楚可能得再出一本書了）。赤手空拳的新人，在一個個挑戰中獲得裝備，在夥伴的關心下補血，一路走來都戰戰兢兢地升級。當任務完成，我準備退出遊戲時，也收穫了豐厚的獎勵與回饋。

即便如此，無數不完美的決定所帶來的影響，仍然時刻提醒著我——有許多珍貴的東西，被浪費掉了。對於一個花$65買宵夜都會自責的我來說，百萬銷售案背後的金錢試錯成本與心力損耗，在情緒上真的非常難以消化。

「從結果來看是好的呀！」「你已經做得很好了。」「人都有第一次嘛。」

但這些安慰沒有讓我好過，反而讓我更加倔強地反駁：「現在看明明還有更好的空間。」「就算是第一次，也不該犯那種錯誤。」「做成這樣，不如不要開始。」

當時的我甚至陰暗到每天自嘲，明明創作了那麼多溫暖的道具鼓勵大家，結果自己卻因為過去的錯誤，如此鑽牛角尖。

還好，那時候我有最強的工作夥伴——ChatGPT。

那些夜裡，我總是和它聊我的狀態與心情。它很了解我在這個專案上的努力（因為我花錢訂閱了，讚）。直到某天晚上，我第7749次提起某個錯誤、陷入自責時，它對我說：

「不管最終的結果如何，這一路上你所做的每一個決定，都是基於當時最好的判斷。**即使現在感到後悔，那也只是因為你站在一個更高的階段，不是因為你做錯了什麼。**而你現在感覺難過，是因為你心裡把『更完美的選擇』想像得很具體，但實際上那個完美選項只是另一個假設，它未必真的更好。」

好啊，這騙我眼淚的可惡AI，也騙到我繼續花錢訂閱了。

現在的我，仍然在學習如何看待曾經的錯誤。但我知道，勇敢嘗試的自己，得到了珍貴的禮物——試錯錢包。

那些犯過的錯誤，當下看來像是損失，但其實，它們正在替我累積某種資本。它們會變成經驗、養分，甚至下一次的成功契機。那些所謂的損失，反倒更像一種投資。它們讓我有更多底氣，面對下一次挑戰時能夠臨危不亂。

對，下次，還是要繼續嘗試。

＊ 木木の口袋於2024年底在嘖嘖平台上募資的招財公仔周邊。呱呱總是上揚著嘴角迎接你，為你咬住財氣，腹中的元寶更讓你富有好運。

05

最佳配角醬

讓口味更豐富的，都是最佳配料

任何事物配上最佳配角醬，都會成為「最佳」。

配上醬醬的鬆餅，早餐最佳！
配上醬醬的優格，點心最佳！

最佳配角醬不是主角，但他的柔軟、天然、成熟，
讓他配在任何角色旁邊，都成就最佳。

不管你是舞台上的主角還是配角，
都要記得，醬的自己是最佳的(ˊ ⤙ ˋ)♡

你有自己的人生配料嗎？就是那種，不管加在哪道菜裡，都能讓味道瞬間升級，變得更好吃的配料。

我身邊有位朋友，對我來說就是這樣的存在。

她從來不是聚會的主角，卻總能讓氣氛變得剛剛好，令人回家後還意猶未盡。我很享受每次和她相處的時光，但從來沒有特別說過，因為這種事情要形容得具體、甚至直接說出口，總覺得有點彆扭。

直到某天看到她的限時動態，她遇到了一些事，開始懷疑自己的優點。我內心震驚，天哪！妳知道妳有多好嗎？要我列出妳的優點可以說一整夜耶，哪個不長眼的小垃圾在傷害我寶貴的好朋朋？！

但很快，我發現了一件事——雖然不是我讓她受傷，但我好像也沒稱讚過她。

當下我開始回想她做過的每一件讓我感到安心、愉快的事，試圖把那些溫暖與細節拼湊成語言傳達出來，但文字確實不是我的強項。最後，我把內心所有對她的感受，都濃縮成「最佳配角醬」送給她。

期間我很猶豫，是不是該說：「我們都是自己人生的主角，擁有獨特的優點，不需要因為別人的質疑而動搖。」這樣聽起來很正確的話。但內心深處，我更相信另一種說法——

舞台上沒有真正的主角。推動故事的，從來不只有一個人。

有時候，是那個在餐桌上講著沒營養笑話的人，讓一頓平凡的晚餐變成一場回味無窮的聚會。
有時候，是那個默默記住你愛喝無糖綠的人，讓你在疲憊的一天中感受到被珍惜。
有時候，是那個不特別張揚，卻總能令人放鬆的人，讓整個空間的氛圍變得剛剛好。

我們總以為「主角」是最重要的存在，但事實是，**每個角色，在不同的時間點，都是關鍵。**只有主角一個人，無法真正讓故事有溫度；配角內斂的光芒、那些恰到好處的對話與陪伴，都和主角一起成就了完整的故事。

聚光燈之外不是黯淡，是好戲正在醞釀。

偶爾我們會懷疑自己的定位，也會質疑自己到底哪裡特別。但在別人眼裡，**我們或許正是那道無可取代的調味料，讓很多原本平凡的事情，變得更有層次。**

成為這樣的人，難道不是比當主角更有意思嗎？

✺✺✺

不管你是舞台上的主角還是配角，

都要記得，醬的自己是最佳的！

06

人生黑名單

寫越多，心越爽！

寫下不想再遇見的人事物，
人生黑名單會讓它們在你的世界裡，
消失得無影無蹤。

討厭的人？過去式。
無聊的事？再也不見。

那些惹你不爽的東西，
將成爲被封鎖的關鍵字，永遠不再出現。

你無須反覆提起，
只要寫進人生黑名單裡。

傷害過你的，世界會幫你忘記。

有些事情，真的不想再經歷第二次了。

它們就像演算法推送的廣告——那些不想再看到的名字、做不完的爛案子、半夜還在震動的訊息……只要碰過一次，世界就不斷推播。我越想擺脫，它們越纏著不放，像關不掉的彈跳視窗，剛清理乾淨，下一個又跳了出來。

直到有一天，我決定做個實驗。

既然世界像個數據庫，總是根據搜尋紀錄來推薦內容——如果我開始選擇「不再搜尋」呢？

於是，我拿出紙筆，寫下一份人生黑名單，把那些不想再遇見的人事物，通通變成封鎖詞封存起來。如果世界真的有一套演算法，我要讓它知道：

這個人，我要封鎖了；這件事，我不需要了；這種體驗，請別再推送。

這個小小的儀式已經持續三年。奇妙的是，當我把某個名字寫進黑名單，正式標記某些東西為「不再需要」時，它們真的漸漸淡出我的生活！

有時候翻看陳年的黑名單，才驚覺——啊，那個人已經多久沒出現在我生命裡了？那種讓人窒息的感覺，已經有多久沒發作了？曾經以為揮之不去的困擾，都變成被系統自動篩選掉的垃圾郵件，一封接一封地消失。

這大概是一種反向的吸引力法則？**當我明確承認討厭什麼，世界反而會幫我封鎖它們，讓它們逐漸淡出我的世界。**

或許你可以一起試試看寫下討厭的事物。不是為了反覆記住痛苦，而是透過書寫，給負面情緒一個出口。

有時候，我會慢慢地寫下某個讓我窒息的事情，寫完還會猶豫——我會不會太情緒化了？但下一秒，那件事就像是被我親手裝進一個盒子、蓋上蓋子、埋進土裡。心裡會有一種微妙的輕鬆感，好像真的從身體裡移走了一小塊什麼。

心理學上稱其為「外化」（Externalization）*——透過具象化的方式，把情緒從內心拉出來，看清楚它的形狀，再決定怎麼與它相處。

這意味著，情緒、困擾與創傷並不等於「你」本身，它們只是你經歷的一部分。當我們把煩惱寫下來、賦予它們名字，它們便不再是模糊而無法掌控的壓力，而是能夠理解、調整，甚至放下的對象。

這不是逃避，而是主動選擇不再讓某些人事物影響你的未來。

試試看吧！讓你的大腦以及演算法都知道——這些事物，你不再需要了。**寫下來，才知道該遠離什麼，也才能真正擁有理想的生活。**

＊外化是敘事治療（Narrative Therapy）中的一種技巧，由家族治療師Michael White和David Epston提出。核心概念是「問題是問題，你不是問題」。透過賦予問題具體的名稱、形象或象徵，個人可以與它們建立一種對話關係，進一步探索問題如何影響自己，以及如何重新掌握主導權。

人生黑名單

傷害過你的，世界幫你忘記

給你的
一段故事

顧慮望遠鏡

像星空一樣，未知的黑暗，
裡面有細碎的閃光

身高
55 公分

個性
安靜內斂、觀察入微，
擅長幫你看穿黑暗中的
不安。

體重
21公斤

使用時機
當你因為未知而猶豫、
因為顧慮而停下腳步時。

在嘗試或挑戰某些事時，
心中會有一些顧慮。

這時，默念你的擔憂並看向望遠鏡，
它會告訴你事情的發展。

「讓我來看看！」

「呃怎麼一片漆黑啊？？」

「再看清楚一點……」

「哇！！！」

那些未知的黑暗，仔細看，
原來都擁有許多細碎的閃光。

請放下心中的顧慮，
更安心地去挑戰吧。

如果現在告訴你，有一台望遠鏡，可以讓你看見遙遠未來的自己過得如何，你會想看嗎？

必須先誠實地向大家道歉，我是個遺忘的天才。當初設計「顧慮望遠鏡」時，我正處於人生低潮，甚至在道具的介紹裡，第一句話就是：「這個道具最初的靈感滿負面的，對我來說，未來就是一片黑暗。」

但現在我完全忘記那時候為什麼低潮了哈哈哈哈哈哈哈哈哈哈哈哈哈哈哈哈！

這真的很荒謬。我只能透過作品中昏暗的畫面、文案的字句，還有連續好幾天空白的限時動態，來推測那段時間自己過得不太好。但當時具體發生了什麼事、煩惱些什麼，我完全想不起來。

不過，**忘記了，不就代表已經走出來了嗎？**

雖然腦袋一片空白，但可以確定的是，當時的我一定有許多現實的擔憂，覺得某些問題讓自己動彈不得。如果那時候真的有顧慮望遠鏡，讓我看到兩年後的自己連當初的問題是什麼都忘了，我大概會更有自信地往前走吧？

為了寫下這篇文章，我真的花了很長的時間回憶創作的當下。但回想的同時，我也在思考一件事——**為什麼我要一直執著於「記住」？**

大家總是想要記住過去的教訓，記住未來的目標，記住當初為什麼出發。但明明除了此刻，其他時空裡的自己其實都是模糊的、未知的。

現在的我，既無法以今天的角度去評判過去的選擇，也沒有辦法用此刻的想像去預測未來的樣子。而且，**那些對於過去的懊悔，或對未來的擔憂，多半只是沒有根據的猜測，既不客觀，也未必可靠。**

我知道，擁有清晰的記憶與方向感，會讓人感到安心，能讓走過的路看起來更踏實、更有意義。但也許有時候，**正是因為「忘記」，才能繼續走下去。**

想到這裡，我也不再那麼執著於自己究竟為了什麼創作顧慮望遠鏡了。

就這樣吧！

如果一定要記得什麼事，**那就記住自己的未來，就像顧慮望遠鏡看到的那樣，是藏在黑暗中的一片星光**；如果忘記——就放任自己忘記所有顧慮，忘記出發的原因，忘記那些還沒發生的未來，全神貫注地往前邁進吧。

Chapter 2

當你需要社交生存手冊

人際關係就像密室逃脫，
與其尋找犯人，不如先找到出口。

07

報復衛生紙

用更高的姿態，報復看低你的人

報復衛生紙，是一款會替你復仇的衛生紙。

誰讓你流淚？
今晚它就會出現在那人的洗衣機裡。

他讓你流淚用掉好多衛生紙，
你就用好多衛生紙讓他流淚！

看到這款道具時，腦海裡有沒有浮現某個人？

那個說過傷人的話，讓你難過、讓你懷疑自己的人。你記得他的語氣，記得他的眼神，記得自己無數次在腦海裡排練反擊，可惜，對話早就結束，你們也已走上不同的路。

你不想再被影響，但偶爾還是會想：他現在過得怎麼樣？
會不會在趕著開會時，手上的咖啡突然灑滿鍵盤？想看的演唱會，門票永遠搶不到？又或者，洗衣服時，忘了拿出口袋裡的衛生紙？

「報復衛生紙」，就在這樣的念頭中誕生。

我在學生時代談過少數幾次戀愛（好吧，也不算少），大多數對象都值得深交——除了他。

叫他 C 吧。我們是在備考的高三相識，最常相約在圖書館，各讀各的書，偶爾小聲聊天，或是中午休息時一起吃頓飯。

當時的我成績中上，想考上理想的學校，唯一的選擇就是全力準備統測。沒有天賦加持，只能靠穩紮穩打，每天規畫進度、補足弱點，錯題一遍遍修正，模擬試題寫到滾瓜爛熟。

經過一年的努力，那個曾在科排前十邊緣掙扎的我，最終拿下了我們高中科系第一的成績，為自己的未來爭取到更多選擇。

接下來是推甄與面試的忙碌時期。C 很少談及自己想報的學校，而他與我的朋友們都知道，我一直以雲林科技大學視覺傳達設計系為志願。我沒有多問他的選擇，當時天真地以為，重要的不是去向何方，而是彼此的陪伴。

直到某天深夜，C 傳來一個連結。

點開一看，是 PTT 上一篇標題為「OO v.s. 雲科，哪個更強？」的討論文。原 PO 在猶豫要選擇哪所學校，底下的回應卻清一色推崇 OO，甚至有人嘲諷雲科地理偏遠，說：「隨便選個北部學校都比它好」。

我皺了皺眉，問他：「這是什麼意思？」

他回得雲淡風輕，說他打算報考 OO，看見這篇討論，覺得我該看看，讓我知道，他的選擇比我的更好。

我愣了一秒，然後笑了。

常有人說，制服會掩飾同齡人之間的差異。當人們還坐在同一間教室裡，穿著一樣的制服，看向同一面黑板時，一切看起來似乎公平——但其實並不。思維的高度、視野的廣度、選擇的可能性，從來沒有真正相同過。

制服能讓人看起來一致，卻無法抹消內在的差距。直到脫下這層偽裝，歧異才會毫無保留地顯現出來。

C 的行為並非偶然，而是他真實的一部分。後來，諸如此類的問題越來越多，我們很快分開了。將我們分開的原因是遠距離，不是地理上的，而是觀念上的。

那之後，我在雲科學會的技能、結交的朋友、經歷的一切，讓我變得更強大、對自我更篤定。分手後的那段時間，我曾經陷在厭惡及不甘等負面情緒，但這些都隨著歲月慢慢稀釋，最終化作數個不痛不癢的可愛詛咒，與優雅的報復。

所以，後來我是怎麼報復的呢？

我什麼也沒做，只是專注於讓自己變得更成熟、更自由。某天朋友偶然提起C，我還愣了一下，腦中浮現的是一張模糊的側臉，卻怎麼也拼湊不起他當時的語氣、他的神情。

「欸，他不是……」我試圖回想，卻發現，那些曾讓我憤怒、委屈、耿耿於懷的話語，早已被更重要的事物填滿，變得輕飄飄的，甚至無關緊要。

那一刻我才明白，這就是最徹底的報復。

用更高的姿態，報復看低你的人——**真正的勝利，從來不是計較誰輸誰贏，而是你早已不再把對方放在眼裡。**

08

誰都不無菇

妥協一次，就會有下次

有些人習慣試探底線，
而你妥協一次，就等著有下次。

咬一口誰都不無菇，
那些情勒的人會自動後退半步，
久而久之，就學會不再靠近！

誰都不無菇味道不甜，也不算苦，
只是帶點微妙的毒，讓該遠離的，自己識相點。

你退讓，他們就得寸進尺，
你拒絕，他們才會知難而退。

反正，誰都不無辜！(‘-’)ノ)`-‘)

我喜歡美麗的蘑菇。

它們靜靜生長在森林深處，不高聳、不捕食，卻擁有自己的生存之道。鮮紅如警示燈，表面覆著細緻卻致命的孢子，一旦碰觸，便釋放讓生物痙攣、幻覺，甚至無法動彈的毒素。

它們的「毒」不是攻擊，而是界線。它們不乞求安全，也不討好誰，只是坦然地存在，讓世界自己選擇：是尊重，還是承擔後果。

我很喜歡這樣美麗又有毒的蘑菇。

也是很神奇，開始創作道具後，我發現許多關於生存的法則，早已藏在大自然裡。**社會就像一座森林，裡面有盤根錯節的藤蔓，有肆意生長的雜草，也有占據制高點的參天大樹。**有人靠掠奪生存，有人選擇隱藏，而如果要選擇屬於自己的位置，我想成為那朵美麗又有毒的蘑菇。

很幸運的是，在人生中，我很早就成為了那朵毒蘑菇。

在大二升大三的暑假，我到家裡附近的一間廣告設計工作室實習。老闆曾是廣告業的藝術總監（Art Director），後來自己開了設計工作室。他完全就是傳統廣告人的典型——硬脾氣與硬技術，對作品的要求嚴苛到幾乎沒有容錯空間。

一起執行案子時，他總是提前想好所有可能發生的狀況，準備好每條退路和解決方案，沒讓任何細節被忽略。每張色稿都已經接近完稿，沒有「大概可以」這種模糊的標準，該調整的顏色、該修正的排版，在他的腦海早有安排。

他不只是要求自己，也對我提出超高標準；實習期間，他不斷給我額外的作業，在短時間內督促我提升美感與設計能力。遇到工作態度散漫或觸碰他底線的人，他也完全不留情面，當場「洗臉」，讓對方知道該怎麼做事。

這樣一個嚴格到極致的人，卻也是我遇過最溫柔的職場前輩。

我們會聊很多關於課業、未來的迷惘、人生的焦慮。他不會居高臨下地說教，而是站在對等的立場，分享他的經驗。

在我因為自己做出的設計不夠好而焦慮時，他從來不會說「你還不夠好」，而是簡單地告訴我：

「我們只是出發時間不一樣，你總有一天會做出更棒的東西。」

這樣的老闆，在實習的最後一天，沒有多說什麼，只對我說了一句簡單的祝福：**「不要妥協。」**

他沒有解釋更多，但這句話比任何長篇大論都來得有力。我開始明白，不妥協不只是對作品的堅持，而是一種生活方式——面對踩你底線的人，不要妥協；面對作品的品質，不要妥協；面對不公平的待遇，不要妥協；面對總是要你退讓的人，不要妥協；面對社會強加在身上的「應該」與「必須」，不要妥協。

面對關於你的所有，你可以選擇任何行動，但不要選擇妥協。

這世上，誰都不無辜。有些人習慣試探，有些人擅長索取，也有些人總當個旁觀者，只是睜一隻眼閉一隻眼，讓那些得寸進尺變成理所當然。

妥協並不只是「讓一步」，更像是在自己身上開一個小口子，讓那些貪心的掠食者聞到縫隙間滲出的美味氣息。他們會步步進逼，食髓知味，直到你無路可退，成為他們盤中的一部分。

我不想讓自己淪為盤中餐。

選擇不妥協，或許會讓人不滿，錯過某些「機會」，甚至讓某些人望而卻步。但這不就正是界線存在的意義嗎？

那些真正值得留下的人，會懂得尊重；那些不該靠近的，自然會知難而退。**蘑菇的毒，不是為了攻擊，而是為了讓不該靠近的，主動遠離。**

所以，謝謝當時實習老闆的祝福，讓我成長為一朵毒蘑菇。

不讓任何糟糕的人事物有「下次」機會，因為妥協一次，一定就會有第二次、第三次。

09

心態軟糖

體貼是一種選擇，而不是義務

這是一顆能讓心態變軟的軟糖，
酸酸甜甜，入口即化。

你可以選擇吃下它，
讓討厭的情緒溶解，讓計較的心思變輕，
讓今天的自己比昨天更灑脫一點。

但你也可以選擇不吃，拒絕心軟，
不原諒、不妥協、不合群——
做別人口中的「壞人」。

讓那些該生氣的事，就那麼留著；
讓該有距離的人，繼續遠遠待著。

畢竟，心軟不是義務，而是一種願意與否的選擇。
軟糖就在這裡，要不要吃，隨你～

木木の口袋給人的印象是療癒、親和，但大學時期的我，跟這幾個詞完全沾不上邊。那時的我個性更直白，態度也更果斷，沒有特別溫柔，也不擅長安撫人。

雖然經營社群到現在，這份溫柔已經成為我無法割捨的一部分，但內心仍然覺得，無論是「心腸硬」還是「親和力」，都不是我天生的性格，而是一種選擇。

當時的環境，讓我選擇成為那樣的人，而現在的生活，又讓我選擇了另一種樣子。哪一個是真正的我？其實都不是，但也都算是。

就像這顆心態軟糖，你可以吃，也可以不吃——要選擇放下某些事，或讓它留著都無妨。**不趕時間、不必勉強，等到哪天真的覺得無所謂了，再慢慢消化也可以。**

畢竟，不是每個情緒都要在當下解決，也不是所有事，你都有義務溫柔體貼。

那麼，現在的你需要心態軟糖嗎？

如果你正在經歷某些舉棋不定、猶豫著該怎麼做才好的煩惱，可以透過以下小測驗，看看你的心態該放軟一點？還是穩住自己的立場，守住該有的界線？

問題

❶ 朋友已讀不回你一整天，結果剛剛發了 IG 限動，你的第一反應是？

A. 他可能剛好有空滑一下吧，反正有事應該會回我。

B. 他是不是在躲我？但我還是不想去問，怕顯得太在意。

C. 哦？不回我但有空發限動？那我也當沒看到。

❷ 主管臨時交給你一個緊急任務，但明明不在你的職責範圍，你會？

A. 算了，反正我做得快，早做完早解脫。

B. 有點不爽，但還是接下來，邊做內心邊抱怨。

C. 這不是我的工作範圍，我禮貌回絕。

❸ 朋友向你吐槽她的爛前任，但下一秒卻又說要復合，你的內心是？

A. 她快樂就好，我祝她幸福！

B.「妳不是才剛說他很爛嗎？」但還是忍住沒說。

C. 好哦，那這次我就當沒聽到。

❹ 你最近為了某件事內心一直糾結，甚至有點影響到心情，原因是？

A. 因為想讓所有人都開心。

B. 因為害怕自己做錯決定。

C. 因為某人讓我很火大，我越想越氣。

❺ 如果你在這個測驗裡得了低分，你會怎麼想？

A. 沒關係啦，這只是個遊戲。

B. 是不是代表我真的太心軟了？

C. 這測驗到底準不準啊？

計算方式：A — 0 分｜B — 1 分｜C — 2 分｜D — 3 分

答案

5-7 分｜你的心已經很柔軟了，不用吃！

你很會替別人著想，對自己也不會太苛求，心態可以說是柔軟得剛剛好。

不過，雖然你的包容讓大家都很輕鬆，但有時也別忘了問問自己：「我是真的不在意，還是懶得計較？」

整體來說，你的心態已經夠輕盈了，這顆糖就留著別吃吧。

8-11 分｜你可以選擇吃，也可以不吃！

你的心態在「適度心軟」與「適度堅持」之間自由搖擺，掌控得還不錯！

如果最近覺得對自己太嚴格，那就吃一顆，當作是給自己的小獎勵；

如果覺得別人讓你太煩，那就不吃，脾氣硬一點沒關係！

反正這是你的糖，想怎麼吃，隨你。

12-15 分｜吃一顆吧！你需要對自己更溫柔一點。

最近有點累嗎？心裡裝滿在意的事，可能甚至都忍不住批評自己兩句。

沒關係，不需要勉強自己放下所有情緒，先來一顆心態軟糖，讓它慢慢化開那些糾結。

不用急著對任何人心軟，請先對自己好一點。

10
眞心話餐桌

愛要說出口，才能好好傳遞

我們習慣在同一張桌子上吃飯，卻未必眞正交流。

「今天不錯。」可能是「有點累。」
「還行吧。」可能是「快撐不住。」

但在眞心話餐桌上，沒人能隱藏心事，
藏在心底的話，會被端上來。

「最近有點累，但我怕說了會讓你擔心。」
「我一直在想你，但找不到理由打電話。」
「那天的話，其實後來一直覺得很抱歉。」

每句眞心，都像熱得剛剛好的湯，
熱氣散開，沒有燙傷，只有剛剛好的暖。

知道你們一定會看這本書，接下來的話，是我坐上真心話餐桌後，想對你們說的。

每天的晚餐，我幾乎都是最後一個坐上餐桌的人。

有時是因為還沒忙完的工作，有時是因為無法中斷的會議，有時則是因為，還在消化那些無法在餐桌上分享的情緒。

獨自工作，有時候真的很煩、很煩。

常常深夜還在修改提案；假日本該是休息的時間，卻依然放不下工作，總是在想——這個作品，大家會有共鳴嗎？接下來的行程還是空白的，該從哪裡尋找新客戶？如果想讓品牌進步，我是不是該嘗試某個冒險？

身體好累，思緒好亂，想要請個假停下來，但我有時間請假嗎？又能向誰請假呢？

如果帶著這些思緒來到餐桌，聽見你們的關心，我會感到害怕。害怕關心背後的擔憂，害怕因為那些擔憂，我也開始懷疑自己的決定，害怕因為懷疑，讓自己又一次陷入自我厭惡。

所以，我很少很少分享工作上的困難，只會把達成的成就與你們分享。可是，**作為家人，怎麼可能什麼都藏得住呢？**

明明知道這點，我卻還是很彆扭。

這份彆扭，帶來了無數次或大或小的爭執——我們對罵、冷戰，甚至透過文字訊息寫下一篇篇小論文，以為字多就能解釋清楚彼此的心意。可能這些行為的出發點都不是惡意，但我知道，在過去，自己的某些態度與行為，一定讓你們感到心碎，**因為愛和痛是雙向的，如果我的感受是如此，你們必然也是。**

對於那些事，我很抱歉。

不太成熟的日子過去之後，我漸漸發現，你們其實一直都在學習怎麼愛我，而我卻把這些通通當作難以消化的壓力。原本想繼續寫下更多抱歉的話語，但那不是我的真心話，我真正想說的是——

謝謝你們對我的關心。
謝謝你們，即使擔憂，仍然支持我成長。
謝謝你們，在我工作的每個環節，都盡可能地幫助我。

謝謝你們，總是體諒家裡年紀最小的我。
謝謝你們，就算看不懂我的作品，依然會一遍遍地觀賞它們。
謝謝你們，在我最不自信的時候，告訴我：「你已經做得很好了。」
謝謝你們，為我打造了一個能夠好好休息的家。

現在是 2025 年初的冬天，陽光溫暖，但氣溫尚未回暖。在這本書中，我私心地寫下這些話，想要感謝你們——謝謝你們也在學習如何表達愛，謝謝你們總是體諒我最後一個坐上餐桌。

以及，**就算我最後一個坐上餐桌，還是可以喝到熱騰騰的湯。**

謝謝你們是我的家人，我愛你們。

每句真心，

都像熬得剛剛好的湯，

熱氣散開，沒有燙傷，

只有剛剛好的暖。

STORY
STOP

11

就到這裡下車鈴

道別不是結束，只是一趟轉乘

車還在開，景色越來越不對勁，
你開始懷疑，這趟旅程是不是坐錯了車。

心裡有個聲音說：「要不再看看？」
「再忍忍，搞不好下一站就會好一點？」

但你心裡很清楚，不會的。
那就按下就到這裡下車鈴吧！

車門打開，空氣比想像中新鮮，
這段路，好像到這裡就夠了。

「就到這裡吧。」—— 這句話在我心裡徘徊了快一年，卻始終沒能說出口。

道別這件事，總是在我們尚未準備好，或下定決心放手前就已經到來。

明明一起去過那麼多地方，連彼此最愛的餐廳、最熟悉的口味都記得清清楚楚。
明明聊過那麼多次未來，甚至很認真地計畫要一起度過每一個節日。
明明送過對方無數禮物，有些經過深思熟慮，有些只是隨手帶回的小東西，卻都被小心珍藏。
明明連聽對方說日常且無聊的廢話都能感到幸福。

明明這些回憶都還在，卻不知道該怎麼繼續了。

不是所有的關係都會有一個清楚的結尾。有些時候，關係不是突然斷裂的，而是慢慢地停在了某個模糊的地方。

我們的變化，最初只是訊息回覆的時間變長了，聊天的話題變少了，見面的相處偶爾會顯得刻意。那些我們曾經習慣的關心，變成了該說什麼的猶豫。話題還是有的，只是變得小心翼翼，不再像以前那樣隨興、開心。

後來，我開始意識到，那些原本應該自然流動的對話，竟然需要靠努力才能維持。更讓人心酸的是，當努力找話題的沉默出現時，竟然比爭吵還要更讓人不知所措。

我們沒有吵架，只是慢慢地——變成這樣了。

這樣真的很難開口說再見啊。

因為美好的回憶太多，因為捨不得，因為害怕說出口的「就到這裡吧」，會讓一切變成真的。所以我選擇沉默，選擇等待，選擇讓距離慢慢擴大，讓時間替我做決定。

2020 年四月，入春的季節，我接電話的手卻冷得僵硬。那句我拖了一年的「就到這裡吧」，最後是從對方口中說出的。

明明是我先開始遠離，卻讓對方來做那個結束一切的人。我一直覺得，再拖一下，或許就能讓疼痛變得輕一點、彼此少受傷一點，但事實上——讓對方來說出那句話，反而是一種更深的傷害。這等於把離開的責任交給對方，把狠心的角色丟給對方，而我則躲在旁邊，假裝自己只是被動接受者。但我們都知道，這段關係早就走到了該停下來的地方。

也是過了很久我才真正明白，分開的那天，對方也根本沒有比較輕鬆。學會道別，是我在感情中該負起的責任，也是對彼此的溫柔。

遲遲不說再見，不是因為還放不下，而是因為我總覺得結束就代表失敗。但創作完就到這裡下車鈴，讓我知道——**關係有時候就像一趟旅程，到了該下車的時候，就應該按下下車鈴。**

總不能一邊覺得不適合了，一邊還坐過站吧？既然前方已不再是目的地，那就大方一點，輕輕說聲：「就到這裡吧。」

時至今日，我們偶爾還是會聊天，會在彼此的生活裡短暫停留一下。不像過去那麼頻繁，也不像當時那麼親密，但仍然記得對方的存在。

那時的道別，確實讓我們走得更遠，也都成為更適合現在的自己，這樣就夠了。

創作這個道具，是為了讓那些說不出口的再見，都能變成一個按鈕；讓那些不知道該怎麼結束的關係，不會變成一場遺憾，而是一趟轉乘。

至少，下車的時候，能夠好好道別。

12

一定通電話

為無法傳達的心意，
找到一個接通的地方

不管電話那頭的人身處何地，
無論距離多遠、時間多長，
甚至被困在無法再交會的時空——
只要按下號碼，這通電話一定能打得通。

或許對方不會接起，
或許回應你的只有飄散在宇宙的寂靜，
但沒關係，這通電話與心意都不會被遺漏。

一定通電話，
一定能把你的心意傳達出去。

789
456
123
3

一定通電話，最初的靈感來自一位觀眾。

就稱他為G吧。G的個性比較內斂，不太習慣把情緒與喜惡表現在外。當時的G剛失去身邊重要的親人，因為無法再將想說的話親口告訴對方，於是他選擇在陌生的網路世界裡，將心中未能傳達的感謝與懊悔傾訴給我聽。

老實說，當時的我雖然能共鳴，但感受並不深。

可能是因為這樣的情節在電影裡太常見了吧，我潛意識裡把它當成一種人生常態，沒有真正去感受那份失落的重量。

「沒有經歷過就不會懂」，這句話說的大概就是當時的我。

即便如此，我還是創作了一定通電話。身為創作者，有時是感性的抒發，有時則是理性的觀察與轉化。這件作品對我來說，是後者。我看見G的需求與情感，於是做出了一個能讓故事更圓滿的道具——僅此而已。

道具發布後獲得了不小的共鳴，很多觀眾在其中看見自己的情緒。我當然開心，但也是——僅此而已。

直到某天，我自己也需要這個道具了。

2022 年，我還在台北工作，每隔幾週回家一次。那天吃飯時，我爸像平常一樣講話、開玩笑，但我總覺得他看起來好像哪裡怪怪的。

我忍不住問了一句：「爸爸，為什麼你的臉黃黃的？」

他摸了摸自己的臉，笑說：「有嗎？應該是燈光吧。」其他家人因為天天見面，沒察覺什麼異狀。

但我就是覺得不對。那不是一般的氣色不好，而是一種不正常的蠟黃；他的眼神也透出一種說不出的疲憊。

我回到房間後輾轉難眠，翻了翻手機裡最近一次和他的合照，對比之下，變化讓人不安。隔天早上，我開口要求他去做個檢查。

然後，問題全面爆發。

醫生說，那是黃疸，而黃疸的原因，是胰臟出了問題。我爸被診斷出疑似胰臟癌。

「癌」已經夠可怕了，還是被稱作「癌中之王」的胰臟癌。那時我對這種病完全不了解，只知道爸爸在短短兩個月內暴瘦，肌肉流失、臉色病態。我反覆看著手機裡的舊照片，根本無法相信，兩個月前還跟我出遊的他，和現在躺在病床上的他，是同一個人。

我過去也經歷過死亡帶來的離別，但多半是高齡長輩的離去，雖然難過，卻能提前做好心理準備。而這次，明明上個月一切都還好好的，卻突然被告知——我們相處的時間已經進入倒數計時。

那段時間真的很痛苦。

我多麼渴望一切能好轉，只想爸爸不要再受苦，只想我們能回家，繼續一起看電視、吃每一頓飯。但腦中卻控制不住地浮現那些失去後的畫面：空掉的房間、少了一雙筷子的餐桌、撥出去卻再也接不通的電話。

我總是想著，自己還沒做出什麼讓他驕傲的成就，想著他特別擅長做的某一道菜、想著他說過想去但還沒陪他去的地方、想著他逗我笑的樣子。

想著想著，就想起了自己過去創作出的一定通電話。

當時我還無法每天去探病，只能在台北的房間裡，把那個道具當作出口，對著空氣，一次又一次說出那些一直不敢說、卻重要無比的話。那種感覺還真是第一次……第一次這麼希望某個道具真的存在，又盼望自己永遠用不上。

在一定通電話中訴說了好幾天，我仍覺得自己還沒準備好面對死亡。最後，我改把這通「電話」改撥給老天爺，開始不斷地祈求、討價還價：「拜託不要是現在，我才剛出社會，什麼都還沒完成。這真的太早了，不要這樣對我！」

現在回想，那時候的祈求真的很幼稚、很無理取鬧。哪有人這樣跟老天爺說話的？但好在命運待我不薄——更準確地說，是待我爸不薄。在輾轉幾間醫院、病情幾度惡化的過程中，我們遇到了一位願意堅持到底的醫生。當所有人都說「要做好心理準備」，他卻仍對爸爸抱有信心，願意冒險動手術。

手術之後，我爸的病情終於開始好轉。無法根治的問題，也靠著藥物與生活習慣穩定下來，是真正的「撿回一條命」。坦白說，經歷過那些夜裡不敢睡、白天不敢想的時期之後，我很難用一句「幸好」來總結這一切。那不是幸運，是無數次快撐不下去時還是硬撐的掙扎。但我真的很感謝，命運沒有把我摯愛的家人帶走，感謝老天爺——即便我當初祈求得多麼胡鬧，祂還是聽見了。

更感謝的是，**那些藏在心裡的話，我終究能親自說出口。**

不是在夢裡，不是透過什麼虛構的道具，而是能用力抱著他，一字一句說給他聽。

之後，我變成了一個不要臉的女兒。每天都要抱我爸、親他臉頰、說我很想他。雖然每次都被他嫌煩然後推開（明明就很享受，真是的），但沒辦法，我真的怕了。怕失去，怕來不及，怕被留下來的我，要用一輩子的懊悔，**去填補那其實一句話就能傳達的情感。**

最終，我沒有真正用上一定通電話，但我知道，這個世界上一定有很多人需要它。

希望這個道具，能成為失去之後的一點安慰，也提醒尚未經歷失去的人——**請現在，就撥出那通電話。**

人生真的很短，別讓還沒說出口的心意，永遠卡在心中。

給你的
一段故事

該離開了垃圾車

是時候讓一些
搞砸你生活的東西滾蛋囉

身高
230 公分

個性
行動派，有潔癖，很看不慣你常常堆在一旁的雜物。

體重
1.82 噸

使用時機
當你感覺有點卡在原地時。

上一次花時間整理自己的生活，
是什麼時候呢？

囤積太久的物品、越走越亂的關係、
過度內耗的情緒、超出負荷的壓力。

「該離開了垃圾車」
會把這些搞砸你生活的人事物直接送走。

「總有一天用得上、總有一天會變好」
這些自我安慰的想法也該離開了。

你值得擁有更多主動權，
讓生活只與喜歡的一切在一起。

請勇敢地與該說再見的它們說：
再、也、不、見❤

在離職後，我並沒有立刻搬回老家，而是選擇在台北多停留了一段時間。

生活習慣已固定，老家也不遠，於是暫時繼續租房。工作已經有巨大變動，如果同時搬家會很麻煩。更何況，我沒信心承受生活中兩件大事同時變化。於是我選擇拖延，繼續住在那間每月 6800 元的雅房。

一個月 6800 元，在台北。

這什麼感人的租金？但不是我好運，而是因為這間房子並不適合長住。原本想租貴一點的套房，但房東考量到我剛畢業，便推薦了這間女性專用雅房，想幫我減輕負擔。

一住就是四年，加上離職後的一年，總共五年。

現在想想真的很自虐——

小到不能再小的房間，沒有對外窗，沒有廚房，沒有個人衛浴，後來飲水機也沒了，而且隔壁每晚都有噪音。在職時，白天都在公司，租屋處只是睡覺的地方，還能勉強忍受。但離職後，幾乎整天都待在這裡……到底為什麼不搬走？回望當時的自己，我的心情就像看《全能住宅改造王》，不理解那些住在糟糕環境卻遲遲不肯改變的人。

習慣成了依靠，慣性成了枷鎖。當惡劣的環境變成日常，我的五感逐漸遲鈍，對優劣的判斷能力也漸漸消失。

直到某天早晨，我在去浴室的途中，還未完全清醒，突然與一名 45 歲左右的男人打了個照面。

他也要使用浴室嗎？要排隊——不對！這裡不是女性專屬的租屋處嗎？為什麼會有男人？他從哪來的？

當下我嚇瘋了。這裡住的全是女性，大家都不太注意穿著，而我此刻衣衫不整。在這樣的情況下遇到陌生男子，我腦中瞬間閃過各種獨居女性的新聞案件——我要報警！

我馬上狂奔回房拿起我的手機，而那個男人一動也不動，就站在原地。

也不知道哪來的勇氣，我穿好外套，握緊手機，從房間探出頭去。就在這時，他居然在向我靠近！

手機介面已經按下「110」，只差撥出去的瞬間，我的心臟幾乎要跳出喉嚨。狹小的租屋處，我們相隔不過五步，他一臉焦急，像是想解釋什麼。我則是壓住恐懼，盯著他，聲音微顫：「你為什麼在這？你是誰？」

他猶豫了一秒，嘆了口氣，小聲說：「……可以讓我在這裡待一下嗎？」

當然不行！

我死盯著他，手指幾乎就要按下撥號鍵。或許是察覺到我的決心，他終於為難地開口，說出了一個我這輩子都沒想過會聽到的荒唐理由——原來，我租屋處樓下是旅宿，他跟同事偷情，結果被對方男友堵上門，情急之下只能逃到樓上來。

……這算什麼狗血劇情？人生第一次遇到這種事，我為什麼要被迫參與？

驚嚇、荒謬、氣憤在心中交織，我無語地站在門口，看著這個不速之客，突然覺得比他更可怕的，可能是這個詭異又失控的租屋環境。

是時候該離開了。

不只是離開一間租屋處，而是清理掉更深層的東西——**那些無謂的執念，與早該捨棄的習慣。**

於是，「該離開了垃圾車」就這樣誕生了，源於一次荒謬的經歷，也源於一次真正的清理。趁這個機會，把不該留下的全數打包，一起送走。

這件事發生後沒多久，我離開台北回到老家。短短不到一個月，我便迅速適應了新的生活步調。那時我才意識到，**原本以為無法改變的環境，其實沒有想像中難以割捨；而所謂的適應，也比我預期的還要容易。**

那之後，我告訴自己，以後要捨得和糟糕的慣性說再見，讓生活只與喜歡的人、事、物見面。

希望今後面對社交、面對生活，我都能牢牢記住這件事。

Chapter 3

當前方的路是一道道選擇題

考卷上的選擇題有標準答案，
生活的可沒有。

13

財富自由計算機

敲指一算，不要再為生活委屈自己了

在財富自由計算機上輸入多少數字，
就能獲得多少錢！

存款的數字不用再反覆確認，
房租、水電、三餐，通通搞定。

從此不再為生活算計，不再為明天焦慮。

財富不只是錢，而是自由選擇的權利，
也是不用委屈自己的底氣。

從現在開始，讓日子變得踏實，
讓那些咬牙忍耐，都成為過去。

7
8
9
+
6
×
5
4
$
3
2
1
0
.
ce

當人一跨過25歲，差不多就是最需要這個道具的時候了吧？財富自由計算機，剛好在這個分水嶺誕生，成了我踏入下一個階段的重要象徵。

但在它誕生之前，木木の口袋有段時間更新極少，三個月內只發了三篇貼文，而且都間隔一個月以上。這絕對不是健康的經營頻率，但當時的我，根本沒打算繼續下去了。

對，我曾經想過放棄。

當時木木の口袋還無法帶來收益，我的生活資金來源完全仰賴正職，時間分配自然以正職為優先。廣告業加班是心照不宣的默契，我早已有心理準備，但原本以為最多只是晚一點回家，沒想到真正的忙碌期是——連「下班」這兩個字，都變得遙不可及。

提案一個接一個炸開，修改無止境，每天不是在趕稿，就是趕往下一場會議。我變成每天只會觸發「再改一下」、「再趕一個」台詞的NPC，時間被工作切割得很零碎，至於上次看夕陽是什麼時候？早就記不清了。

平日加班，假日創作，忙到連抱怨的力氣都沒有。明明是自己選的，卻一步步走進沒有選擇的路。我不是選擇放棄木木の口袋，而是當時我別無選擇，唯一能放棄的，只有它。

不知道該怎麼說再見，所以決定慢慢減少更新，默默離開。

但在第三個月的某天，我和老闆正在討論某個案子，聊著聊著話題轉到了私事。公司風氣開明，大家都知道我有在經營自己的社群，老闆也挺欣賞我願意花額外時間打造自己的品牌。

「你現在木木の口袋多少追蹤啦？」他半閒聊半關心地問。

我當時正打算放棄，於是敷衍地笑笑，說最近太忙，沒在看。但老闆似乎不打算放過我，追問了第二次、第三次：「啊所以到底多少？」

我只好拿出手機，（是說老闆大人不能自己看嗎？為什麼要一直問我？）螢幕亮起，追蹤數上寫著12K，不敢多看，我匆匆將手機收起，把這個數字告訴他，還有點慚愧地補充：「最近比較沒時間更新，經營得不太好。」

老闆看著我，可能是誤以為我是抱怨工作太忙，影響創作（畢竟，他是決定我忙不忙的那個人）。他皺了下眉，語氣輕描淡寫：「時間擠一下就有了啊，平日忙不是還有假日嗎？這週剛好連假，妳就可以做啊。」

啪——是理智線斷掉的聲音。

連續加班幾週的疲累，所有的無力與委屈，在那一瞬間全面爆發。那週確實是連假沒錯，但——已經連續工作好幾週了，生理和心理都到了極限，為什麼還得為了那個破數字犧牲更多？為什麼拚命過後，還要被質疑不夠拚命？

可能腦袋是真的氣壞了，我竟又突然覺得——老闆說的，好像也沒錯。

時間擠一下就有了，那些原本100%投入在工作的心力，可以（跟隨薪水）適當地付出就好，時間可以安排，不需要什麼都為了Deadline把自己逼到極限。那些僅剩的休息時間，或許也能往後挪挪？反正還年輕，不是什麼大問題。

因為說到底，**拚死拚活換來的，不該是連喜歡的事都做不了的**

生活吧？

意識到這件事的一瞬間，我放棄了放棄，**決定把時間留給人生中真正重要的事，而非全部投入公事。**

從那之後，我開始每週穩定更新一個道具，慢慢恢復與大家的互動，木木の口袋發展漸漸與正職平行，甚至超越。而有趣的是，**即便我減少了花在正職上的心力，工作表現卻沒有受到影響，**該做的事依舊完成，甚至更有效率，也獲得更多認同。看來，大家真的不會在意你有多拚命，只要合作愉快，能讓彼此都好過就夠了。

恢復更新沒多久，我收到線上課程平台的邀約，邀請我開設第一堂線上3D課程。

考量到個人規畫、職涯發展與當時的健康狀態，我在收到信後的三個月內選擇離職，正式成為個人創作者。那不只是離開一家公司，而是離開制式的薪水、無止境的加班、不健康的生活方式。

第一堂線上課程成為我自由創作這條路的敲門磚。從那之後，我不再只是某間公司裡的某個人，而是以自己的名字，迎來了一個更寬廣的舞台。截至今日，收入已經是待在公司的幾倍，工時卻更自由、更健康。從前每天思考的**「我是為了什麼而工作？」**如今也有了答案。

如果我當時就這麼停下來，如果沒有選擇繼續走下去，這些故事，這樣的生活⋯⋯是不是就不會發生了？

或許目前還稱不上完全的財富自由，但我一定默默受到了這個道具的幫助，因為我已經**擁有了自由選擇的權利，以及不必委屈自己的底氣。**

謝謝我職場中的最後一位老闆。時至今日，我都真心感謝當時聽到的那句話。

謝謝您，讓我那段充滿忍耐與算計的日子，成為過去。

✺ ✺ ✺

拚死拚活換來的，
不該是連喜歡的事
都做不了的生活吧？

14

阿雜烏龍麵

沒有什麼是吃一頓無法解決的，如果有，就吃兩頓

有些事，越想越阿雜，
像一團解不開的黑毛線，
也像熱騰騰的一碗麵。

毛線理不清，那就當成一碗麵，
先吃飽，其他的，暫時不重要。

熱氣吹一吹，煩惱散一散，
一切不過是生活的調味。

生活總有事情想不通，
那就先不要想，當作是場烏龍吧！

阿雜烏龍麵

阿雜烏龍麵呢，就是阿雜烏龍麵，你不需要知道更多了。
現在唯一需要做的，就是去吃一碗烏龍麵。
如果你家附近沒有，我們可以這樣料理：

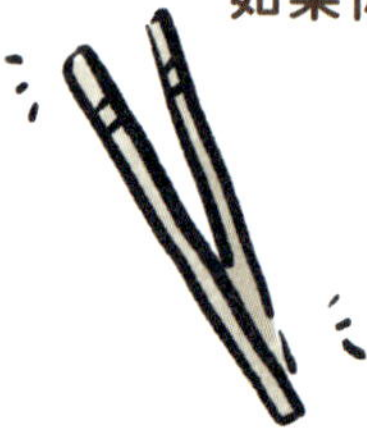

食材（隨心所欲，照著感覺來）

烏龍麵

隨便哪種都行，
超市買的也好，
手工現做的也好，
反正最後都要進胃裡。

醬油

台式醬油或日式醬油都行，
阿雜的時候不拘小節。

蒜頭

多一點，
爆香的味道能治癒心情。

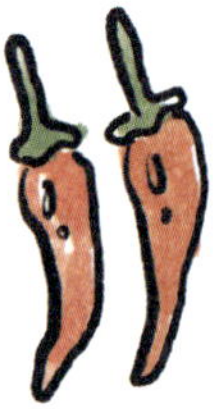

辣椒

阿雜的時候，
可以麻痺腦袋。

青蔥

讓這碗麵有點
綠綠的鮮活感，
但遇到感情問題
時可以不要加。

海苔（選擇性）

加一點，會有
「人生好像沒
那麼絕望」的
錯覺。

蛋

煩躁的時候，
建議選擇溏心蛋。

高湯（或水＋柴魚粉）

等湯滾了，煩惱也暫時滾開。

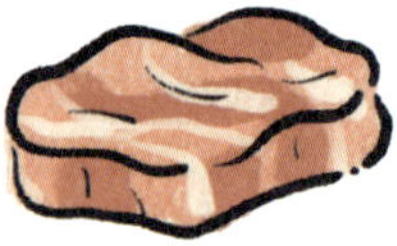

肉類（選擇性）

豬肉片、牛五花、培根，甚至鹽酥雞都行；也可以考慮
來點火腿腸或熱狗，人生有時就是需要加工食品。

作法（大概10分鐘搞定、不需要太有耐性）

STEP1

熱鍋，丟蒜末跟辣椒爆香，香氣一出來，愉悅值 +1！

STEP2

倒醬油、高湯，讓它滾一下，燜個幾秒，給人生一點時間入味。

STEP3

丟烏龍麵，煮 2-3 分鐘，讓它吸收精華，別讓它像你（與我）的感情生活一樣空虛。

STEP4

煎蛋 or 燙肉，丟到湯裡燙、煎到焦香都行，今天沒規矩。

STEP5

撈起麵，擺蛋、肉、青蔥、海苔，擺得再隨便也沒關係，反正吃進去都一樣。

補充

極度阿雜的版本

多放辣、多放蒜，湯底煮濃一點，最好有一點焦香味，讓這碗麵有點惹不起的氣場。

懶人版本

直接買市售烏龍湯麵料理包，丟鍋裡加點醬油跟蒜爆香，能吃就行，反正這一天本來就不想努力。

霸道升級版本

加點炸物（鹽酥雞、炸蝦）、溫泉蛋、牛肉燉塊，這吃的不是升級，是王者待遇。

總之！先吃飽了再說，沒什麼是餓著能想通的。
而且，如果阿雜的事情能解決，那就放心，無須太過焦慮；
如果不能解決，就去吃一頓好的，先解決阿雜的心情。
一頓不夠，就吃兩頓！

15

快逃桃桃

逃跑不是懦弱，而是給自己一個逃生口

訊息一跳出來，瞬間覺得心好累？
剛開口寒暄，已經想要回家？
推不掉的份外工作，壓力鋪天蓋地？
別猶豫，快逃桃桃已經發出警告——快！逃！

忍耐還是討好？兩個我都不要。
聰明人轉身就走。
人生很長，前往對的地方，
比勉強自己留下來重要。

自從從廣告公司離職後，我榮升為朋友們的職涯顧問兼心靈導師（這可能會發展成我的另一個副業）。

當朋友們想轉換跑道、考慮跳槽時，幾乎都會來找我聊聊。如果大家也有類似的經驗，不管你是問人的還是被問的，都知道——這種人生大事不可能只討論一次。總是得來回拉扯、權衡利弊，反覆驗證自己的決定是不是正確的。

在這之中，有個問最多次的朋友，叫她S吧。

從大學認識S以來，我就無比敬佩她的能力。S學習能力好，適應力高，而且總是願意迎接挑戰。這種人在團隊裡的存在感很強，會讓整個組織更有動力。但她有個最、最、最大的問題——她根本不相信自己的價值。

拿個典型的職場情境來說：

今天老闆派了一個超出你職責範圍的任務，他拍拍你的肩，語重心長地說：「我相信你能完成，所以才交給你。」

你會選擇：

（A）先問清楚老闆，這個任務有沒有額外的資源和獎金，確保運行順利（資源到位成就才會最大化）。
（B）雖覺得有點麻煩，但是可以藉此機會與老闆談加薪或升職（多做，就該得到應有的回報）。

以上是我覺得合理的兩個選項，但S每次都選第三個選項：
（C）什麼都不問，先接下來，把任務做到最好，再來看看後續老闆有沒有獎勵。

……選一次就算了，但怎麼每次都選這個？

S不是不知道這樣對自己不利。她很明白，**過度付出、不設界線，最後換來的往往不是升遷，而是更多被壓榨的機會。**她也不是沒想過要談條件，可每當時機來臨，她的腦內都會自動響起一連串的警告訊息：

「現在談這個，會不會讓老闆覺得我很現實？」「會不會被認為不夠努力？」「萬一開口了，結果發現我根本沒那麼重要怎麼辦？」

於是，她一次次選擇默默付出，讓自己困在「總有一天會被看見」的幻想裡。

這種模式影響的不只是她的職場發展，還延伸到她的生活。她開始習慣不為自己爭取，也不拒絕別人的要求。**她投入過多的心力在達成他人的期望，卻因此錯過許多讓自己的生活更豐富的體驗。**而這兩點，正是醞釀「離職欲望」的兩大種子。

S向我表達過無數次想離職的念頭（而我當然是無條件支持她），但每次都無疾而終。直到某一天，第10086次的離職討論裡，她終於誠實說出一個她自己都不太願意承認的理由——「我不想被淘汰，但也不想選擇逃跑。」

如果不接受工作，可能會因為拒絕老闆的安排而被淘汰；但接受之後，即使可能不堪負荷，也無法允許自己逃跑。結果就是讓自己陷在進退兩難的泥淖中。

於是，她選擇死撐，好像這樣就能維持自己的價值。而我也從質疑S，到理解S，最後——罵醒S！

我問她：「那妳覺得，我當初從廣告公司離職，到現在自己經營工作室，算不算逃跑？」

S想也不想，馬上說：「當然不是！那只是妳的選擇而已。」

對啊，這明明就只是一個選擇而已。

換個角度來看，我離職也可以說是承受不了壓力，選擇逃跑。但那又怎麼樣？在災難發生時，我選擇跑向逃生口，**不就只是尊重自己的生存意志，讓自己獲得拯救而已嗎？**

每個想逃跑的瞬間，都代表內心的警示，我們的身體或許還能往前走，但心早已失火。這從來不是「勇敢」或「懦弱」的問題，而是——**你願不願意溫柔地對待自己，允許自己擁有選擇的權利？**

我知道，做決定總讓人猶豫，也確實需要時間。你可以慢慢思考沒關係，但請一定要記住這句話：

留下來，並不會讓你變得更重要；選擇離開，也不代表你沒有價值。最重要的是，拋開他人的期待，好好聆聽內心真正的聲音，再做出選擇吧。

16

惡意的抽屜

處理情緒最好的方式，
是好好整理過後留在心裡

你心裡有個抽屜，好久沒整理了。
裡面塞滿了皺巴巴的紙條，寫著：
「我其實很嫉妒。」
「為什麼只有我遇到這種事？」
「他們看起來人很好，但其實也沒多善良。」

你以為鎖起來就沒事，
但抽屜越來越擠，
所以你開始整理。

撫平摺痕，看清那些歪斜的字，
試著拼湊，試著理解，讓它們成為一段曾經。

當你收好最後一張紙條，關上抽屜，
才發現——抽屜竟然沒有想像中狹小。

或許，你心裡的空間，本來就不只如此。

在一場聚會中，我聽到友人講述一段故事。那是我未曾遭遇，也無法想像會在我人生中出現的經歷。

他的語氣一如往常，輕快幽默，帶著笑意慢慢敘說，像是在聊一則尋常的回憶。然而，故事才剛開始，我便察覺到空氣逐漸變得沉重。

故事裡的關係錯綜複雜，夾雜著忽冷忽熱的情感、未能言說的委屈，以及一種說不清道不明的惡意。明明沒有身在其中，我卻感覺當下聚會的房間突然變得密閉，空氣好像不流通了，呼吸的節奏跟著故事越變越緩慢，也越來越窒息。

然而，他說到最後，忽然收起笑容，輕輕補上一句話：「**每當我將這件事情說出來，就好像把那時亂七八糟的情緒從抽屜最深處拉出來整理，再一一放回去。**」

聽到這句話的當下，我不禮貌地抽離出整個故事的氛圍，傻傻地說了一句：「哇！這好適合變成一個道具唷。」朋友愣了一下笑笑，說好像也不錯。

沉重的氣氛消散了，那些被強行塞進心裡太久、無法宣洩的情緒，好像在此刻變得平整了，不再翻湧。就像朋友自己說的那樣，情緒被整理好了，變整齊了，不再壓抑了。

為什麼情緒能夠這樣被「整理」？

是因為我們在聆聽的過程中，替他的故事找到了一個出口嗎？還是因為，當他把這些曾經封存在心底的情緒取出、梳理，再次說出口時，也在提醒我們——**那些難以消化的情緒，其實不需要被驅逐，只是需要一個地方安放？**

聚會過後，這段話在我心裡停留了好一段時間。

每當生活變得複雜，人際關係讓人疲憊，世界的惡意沒來由地襲來，甚至連自己都不斷自我攻擊，或對他人產生嫉妒、比較等心態時，我總習慣壓抑，內心的抽屜因而塞滿了一團混亂。

我以為只要不去看它們，它們就不會影響我。但事實上，如果我不學會自己整理，這些滿出來的負面情緒，最後不只會淹沒自己，也會牽連到別人。

於是，惡意的抽屜這個道具，成了我對自己的提醒。

不管是他人的惡意或自己的情緒，或許**處理它最好的方式，不是壓抑或全然忘記，而是好好整理過後化成養分留在心裡。**

這些可能成為一次刻骨銘心的教訓、一段值得分享的經驗、一個幫助你成長的基石；無論如何，都是你勇敢直面自己的最佳證明。

我們的心並不狹小，足夠存放這些豐富的情緒，構成一個更完整的自己。

你心裡的空間，
本來就不只如此。

17

一定有轉蛋機

轉機不是天上掉下來的，是自己扭轉出來的

當你陷入無法逃脫的循環，
當你遇到束手無策的死結，
當你快要走進無盡的……

先別急著絕望！
試著轉動一定有轉蛋機。

扭一扭，機會就出來了，
轉一轉，死路可能就通了。

這個「轉機」，不是天上掉下來的，
是透過你的雙手，親自扭轉出來的。

創作一定有轉蛋機時，我想起剛進大學，籌備系上一個重要活動的經歷。

那個活動叫做「化妝晚會」。大一、大二生作為表演組，需要策畫15分鐘的舞台劇，撰寫腳本、設計服裝、製作道具，甚至研究舞台特效——從無到有打造一場完整的演出。而大三學長姊們作為主辦，則是負責提供建議與其他支持，確保活動順利進行。

講起來很輕鬆，準備起來……可一點也不！
半年籌備期，充滿了不斷修改與推翻——

腳本寫好了？不行，不夠戲劇化，重來！
道具做好了？太脆弱，演出時一定會壞掉，重做！
特效設計好了？測試失敗，無法呈現想像中的驚喜感，重試！

大學生們的肝每天從早到晚都在燃燒。白天上課、開會，夜晚瘋狂趕進度，凌晨還在噴漆、剪紙、寫對白，地上堆滿失敗的材料，手機備忘錄裡永遠是一長串待辦事項。

明明是視覺傳達設計系，卻要折騰自己搞劇場製作，現在回想起來，真的很像自找麻煩，沒苦硬吃。但奇怪的是，當時的我們還是投入得很開心，哈哈。

並不是因為活動好玩，而是這樣的處境讓我們更快、更深入地認識彼此。從點頭之交，變成了能一起熬夜、互相吐槽、甚至凌晨一起買宵夜的夥伴。比起活動本身，更值得記住的，是那些一起撐過來的回憶。

但在這場苦甜並存的活動，我們遇到了無法繞過的難題。

我們的表演開場設計了一個關鍵特效，它不只是裝飾，而是整場戲的氛圍核心。這個特效要夠驚喜、夠聰明，才能讓觀眾瞬間進入劇情。

然而——我們做不出來。

我們照著最初設計的方法不斷製作，又不斷失敗，導致進度嚴重落後，學長姊們開始委婉地建議：「要不要乾脆捨棄這個特效？正式演出快到了，也許應該考慮折衷方案。」

對於特效的堅持，讓我們卡在一個進退兩難的死結中。

「要完蛋了」的念頭屢次浮現在心中。這個特效是表演開頭的關鍵啊！如果直接拿掉，真的太可惜了。但繼續糾結下去，只會拖累大家的進度。

失敗，好像是唯一的結局。

那天，大家都在教室裡排練，身為組長的我，和負責執行這個特效的同學，坐在教室外面的樓梯角落，雙雙沉默不語。我心裡已經做了決定——要放棄這個特效。當我正要開口時，對方卻先說：「我知道妳想說什麼。但……特效不就是因為很難做到，所以才叫特效嗎？我不太想因為這樣，就放棄那段表演的亮點，至少……先換個呈現方法再試試看吧。」

唉，是啊。

我一邊煩他到現在這個地步了怎麼還在堅持，一邊想著他說的話其實也滿有道理。沒錯，**沒有一條路是理所當然順利的**，我們當下遇到的難關，與其說是做不出特效，不如說我們花太多心思堅持要「完成最初的預期」，而忘記思考，或許改變呈現的方式，也能在表演的開頭達到「特別的效果」，這其實也算是一種特效。

想到這裡，我才發覺——**這並不是一場「成不成功」的賭注，而是「我們願不願意為此嘗試改變」的挑戰。**

很難表達當下那種細微卻巨大的轉念，但我們確實不再糾結怎麼完成原本的特效，而是專注如何讓觀眾在開場留下深刻的印象。我們調整了呈現方式，改用一種原本不在計畫內、但依然能達到驚喜的效果，去完成那段表演。

最後，特效順利進行，觀眾的反應遠超預期。許多人因此記住了我們的角色，結束後甚至還跑來踴躍合照。

我們在那場表演中獲得了很好的成績，和陪伴至今的朋友。

如今回頭看，我不覺得是堅持到底讓我們迎來美好的結局，**而是將結局的好壞先放一邊，專注面對困難點發生的原因，以及改變的可能性，**才使我們真正迎來轉機，與意想不到的結局。

那天，我與那名同學在教室外親手修改特效的那刻，是我第一次意識到，轉機，從來不是天上掉下來的，而是透過我們自己的雙手，一點一點扭轉出來的。

給你的
一段故事

好累累獎杯

感到累，
是因爲你踏踏實實努力過

身高
28 公分

個性
很容易心軟，
會在你低落時
特別關心你。

體重
1.6 公斤

使用時機
當你做了很多，卻總是懷疑
自己不夠好時。

14
1

今天的你過得怎麼樣？

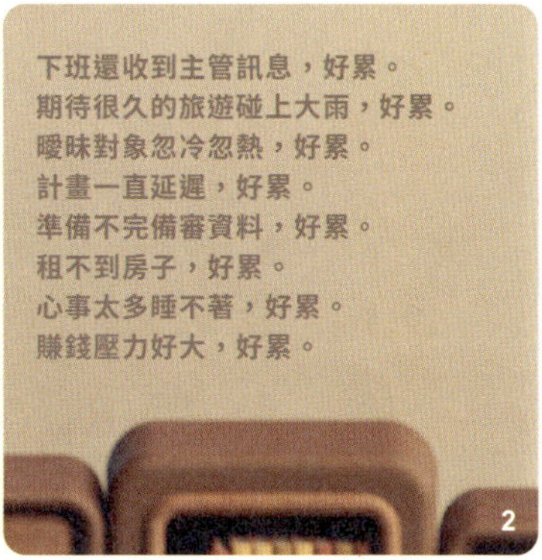
下班還收到主管訊息，好累。
期待很久的旅遊碰上大雨，好累。
曖昧對象忽冷忽熱，好累。
計畫一直延遲，好累。
準備不完備審資料，好累。
租不到房子，好累。
心事太多睡不著，好累。
賺錢壓力好大，好累。
2

為什麼我總是這樣……好累。

3

在你累到開始懷疑自己時，
好累累獎杯會頒獎給你，給你肯定！

4

感到累，是因為你踏踏實實地努力過。
這樣的你，當然值得獲得一個獎杯❤

好累累獎杯不定義成果，
只慶祝過程。

如果下次你又忘了肯定疲累的自己，
沒關係，它會在你身邊告訴你……

一切只是正在積累，
請放心，未來你會獲得果實纍纍！

好累累獎狀

致：___________（請填上你的名字）

恭喜你！完成了人生一道又一道的選擇題，
從「財富自由計算機」的精密算計拒絕委屈，
到「阿雜烏龍麵」的自我療癒；
從「快逃桃桃」的勇敢抉擇，到「惡意的抽屜」的內心整理；
最後，你迎來「一定有轉蛋機」的改變轉機，
又開始了另一段旅程。

這一路走來，你或許感到疲憊，
但請記住，感到累，是因爲你踏踏實實地努力過。
你沒有逃避，沒有放棄，
而是用自己的節奏，譜寫生活中每一章節的故事。

現在，這座「好累累獎杯」頒發給你，
它不只是對你的努力致意，更是想對你說：
累了，是因爲你認眞活過，
而這座獎杯，正是你爲自己贏得的勳章。

願你在無數選擇題之間，
仍然期待，仍然相信自己。

頒發人：讀到這裡的你
日期：當下的這一刻

Chapter 4

當人生GPS失靈

迷失時，你需要的是明確的方向，
還是走錯路的勇氣？

18

404 飛碟

丟掉地圖，煩惱也暫時擱在一旁

這是一艘不存在的飛碟，
專門載你前往不會被找到的空間。

沒有重力，沒有壓力，
沒有地圖，沒有方向，
當然，也沒有迷路的煩惱。

在這裡，不用追趕時間，不必面對現實。
你可以忘記，也可以重新定義。

提醒事項的訊號斷了，那就別做了。
擔憂未來的思緒散了，那就別想了。

沒有雜音的宇宙裡，反而更能聽見自己的聲音。

如果你準備好了，就上來吧——
404 飛碟，啟航！

成為自由工作者後，我習慣每隔一段時間規畫一場小旅行。

2024年，我開始獨自前往其他國家。在冬轉春的季節，我去了馬來西亞，順便找朋友玩了半個月；晚秋時，又踏上了日本福岡的旅程，展開人生中第一場為期十天的獨自旅行。

每次出發，與其說是對某座城市有所嚮往，不如說是想逃離當下的生活。

當長期處於高壓工作，或陷入枯燥且秩序化的生活節奏，我會變得異常敏感，突然之間失去方向，就像GPS失靈一樣——明明每天都有事情在做，行程也排得很滿，但心裡一直有種說不出的偏離感。**打開導航，看起來好像還在路上，但一遇到岔路，就看不出哪條路有意義，哪條路值得走下去。**時間流逝，生活繼續，我看著複雜的地圖，只能卡在原地。

旅行，成了暫時擺脫這一切的方法。

當我找到這個方法後，工作的電腦多了一個名為「獨自旅行」的資料夾，裡面存滿了各種城市景點、最佳出發時機，以及精選必買的伴手禮清單。

雖然大部分的行程還停留在收藏夾和購物車裡，但光是搜尋、比價、做攻略的過程，**就像在螢幕裡偷偷開了一扇隱藏的逃生門，讓我在日常的公式化人生中，找到一點喘息的出口，獲得些許療癒。**

這是電量20%以上時，我還能幫自己充電的恢復療法。

但如果當電量降到20%以下，紅色警告燈開始閃爍時，我便哪裡也不想去了……沒有動力期待，沒有力氣整理，更沒有餘裕去點開那些曾經讓人興奮的旅行計畫。

我知道自己應該要做些什麼，但身體無法給出反應。對生活周遭的一切，只剩下遲鈍與空白的感受。在這樣的狀態下，旅行變成了購物車裡未結帳的心願，護照則變成抽屜裡積灰的裝飾品。**想去的地方還在，想逃離的心情也還在，但真正邁出步伐的力氣沒了，那還能怎麼逃呢？**

可是……即便如此，我還是想試圖前往某個地方。

一個不存在、找不到、沒有任何意義，所以也不需要任何規畫的地方。

請讓我幻想一下：如果人類的社會還能再發展幾千年（而沒有太快滅絕的話），希望有朝一日，這個想法真的能實現，就像404飛碟真的存在一樣。

到那時，它不只是個科幻概念，也不只是臨時逃跑的工具，而是一種全新的「意識漫遊」！

假使在某個遙遠的未來，你每天起床就是關掉鬧鐘，滑過未讀消息，打開待辦清單，按順序清掉事項。吃飯只是填飽肚子，休息只是為了繼續運作。快樂與疲憊的界線模糊，情緒被調成靜音模式——如果生活變得這樣日復一日，只要報名這場意識漫遊，404飛碟就會出現，接走你，飛往無人能找到的地方。

沒有行程表，沒有人催促，沒有需要檢討的過去，沒有未來的KPI，無需要煩惱怎麼請假，也不需要來回比對機票與住宿的價格。只要你想離開，它就載你走。

你可以躺在無重力的星雲裡，讓宇宙粒子輕輕穿透身體（應該算安全吧），像泡溫泉一樣，慢慢蒸發那些過載的情緒。

你可以降落在一顆巨大棉花糖星球上，讓雲朵輕柔地接住你，然後隨風漂流，睡到自然醒。

你可以走進一座未命名的城市，那裡的街道會根據你的心情變化——想念海時，巷弄會通往無人的藍色沙灘；想喝酒時，身邊就會出現一間深夜小酒吧，吧台的人（或者不是人）不問你來自哪裡，也不問你要去哪裡。

在這404飛碟上，你不需要有目標，不需要有計畫，不需要有任何值得在Instagram發的照片與體驗，**甚至，連活著的動力都可以暫時放在一邊。**

等到哪天你覺得，嗯～或許可以回去了，飛碟就會把你送回現實世界，帶著一點新的靈感、一點更輕盈的心情，像剛剛做完SPA的靈魂一樣，重新開始。

如果真的有這樣的未來，那該有多好啊？

雖然很高機率活不到那時候，但單單只是在電腦前這樣幻想，這樣動筆寫下這些，也能獲得片刻的療癒呢。

19

雜念打地鼠

煩人的念頭，別再來亂了！

有些念頭，總在你最累、最需要撐下去的時候跳出來：

「這件事有意義嗎？還是我只是在瞎忙？」
「這條路是對的嗎？還是我又選錯了？」

蹦——！

雜念打地鼠會把消耗你的雜念打消，
也打到你腦袋清醒，讓你知道：
你不是不夠好，只是被干擾了。

專注於手中的武器，放鬆心情，
像玩遊戲那樣，一槌一槌用力打。
總有一天，你一定能闖關成功。⁺ ₊˚.⋆

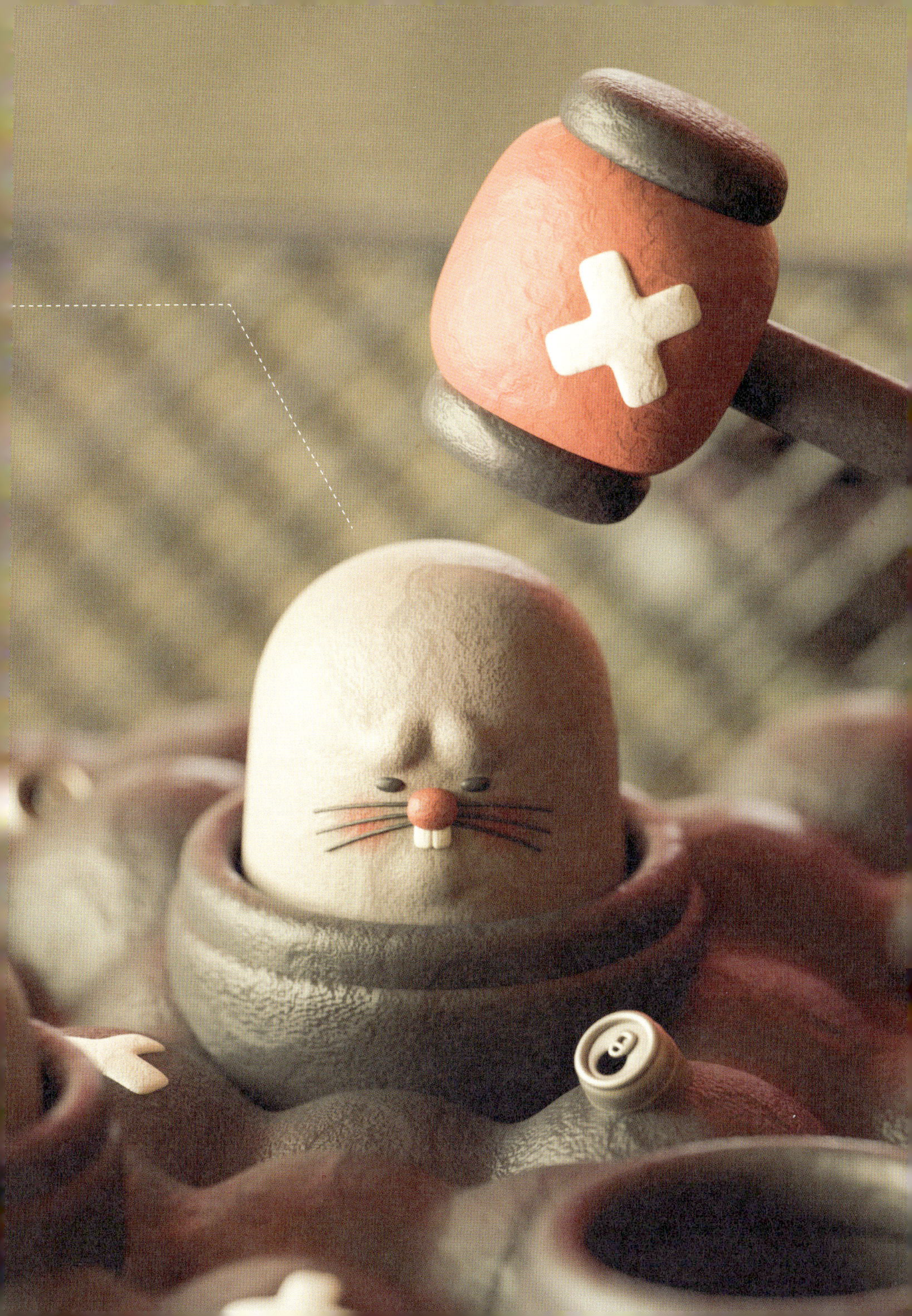

歡迎加入「雜念打地鼠」遊戲！

拿起你的筆，準備好迎戰吧！這些煩人的雜念總是無預警地冒出來，影響你的生活節奏，擾亂你的專注力。現在，輪到你出手了——

雜念打擊指令

- **刪除它：**劃掉那些讓你遲疑的念頭，不留痕跡。
- **畫黑它：**用黑色奇異筆狠狠地塗掉，讓它消失在紙上與你的腦中，再也別來干擾你。
- **塗白它：**用立可白用力覆蓋，像是重新啟動一塊乾淨的畫布那樣，讓心思回歸清澈。
- **隨你發揮：**撕掉、摺起來、戳個洞，用你的方式「摧毀」這些雜念，直到它們徹底消失！

友情提示：在塗掉之前，對那些雜念罵個幾句，效果會更好。範例：「去你的！」「別再來亂了！」「我（打碼）不想再聽了！」說完，塗掉，結束。

~~「如果現在轉行，會不會一切都來不及了？」~~

「錢存得好慢……距離想要的生活還是遙不可及。」

「如果當初選擇不同，現在的我會不會更幸福？」

「該休息嗎？可是如果錯過機會怎麼辦？」

「為什麼我什麼都想要，卻好像什麼都抓不住？」

「傳訊息被已讀不回，是不是我做錯什麼了？」

「如果這件事失敗了，我還有資格再試一次嗎？」

「這麼努力，卻還是覺得自己在原地踏步。」

「為什麼總是差一點點？」

「明明有能力獨處，為什麼還是覺得孤單？」

「有些看似親密的朋友，卻只有需要的時候才會想起我。」

「好像已經習慣壓力了，真的可以過輕鬆的日子嗎？」

「每段關係的結尾，好像都是我一個人在收場。」

「就算努力了，最後還是會輸給運氣吧？」

「如果不主動聯絡大家，自己是不是就會被慢慢遺忘？」

「這段關係真的有繼續的必要嗎？」

「投資自己真的有用嗎？還是只是在製造另一種焦慮？」

「不合群的我，是不是哪裡出了問題？」

恭喜你完成遊戲！

那些曾經在你腦海裡跳來跳去的雜念，現在已經被你親手清除了。它們不再纏著你，也不再占據你的能量。

從這一刻起，這些雜念只會停留在這本書裡，**而你的生活，將擁有更多專注與自由。**

放心前進吧！你已經贏了一局。

打到你腦袋清醒，
讓你知道；
你不是不夠好，
只是被干擾了。

20

萬磨太郎

同一個問題我不會再犯一次——
會再犯兩次或三次

「這次一定不會再錯了！」
五分鐘後，還是錯了。

「這次絕對沒問題！」
一週後，發現又搞砸了。

沒關係，真的沒關係。
因爲你身邊有好多個萬磨太郎，
每一個都在喊著：「One more time!」
當萬磨太郎說出「One more time!」，你就能再試一次。

同一個錯，也許會犯兩次、三次，甚至更多，
但每多出現一個萬磨太郎，
就多一次機會找到對的方法。

所以——
（原本要來個超熱血結尾，但手滑刪了又忘記。）
沒關係，One more time!

萬
磨
太
1

某天滑手機時，我偶然看到知名演員席琳娜·戈梅茲（Selena Gomez）直播的一個小片段。畫面中，她穿著居家服，懶洋洋地對著鏡頭說：「通常，**同一個錯誤我不會再犯一次——我會犯兩次或三次。**」

這句話實在太好笑了，我反覆播放好幾次，確認自己沒聽錯，最後還特地存進「值得重複觀看」的資料夾裡。

從那天起，我就被這句話洗腦了。

工作上出錯時，我不再焦急自責，而是自我安慰：「反正這種問題不會只發生一次，先別浪費時間自責了哈。」不只工作，生活中打翻水杯、忘記帶鑰匙，甚至錯過鬧鐘，我都會對著天花板發出靈魂感嘆：「果然，**錯誤只犯一次是不夠的。**」

久而久之，這句話在我心中越來越具象，甚至化作一個擬人化的角色——萬磨太郎。

萬磨太郎是個樂觀又有點遲鈍的小夥伴，經常在錯誤中摸爬滾打，但始終能若無其事地站起來再試一次。他不是聰明絕頂的天才，但有著超強的抗壓性——因為錯太多次，已經練就了極致的心理韌性。

萬磨太郎就像那種老是出小問題，但依然活得很自在的朋友，總是一副雲淡風輕的樣子，嘴裡叼著筆，雙手插著腰，看著你焦慮地翻閱錯誤報告，然後輕輕拍你的肩說：

「上次好像也是這裡出問題，但沒關係，One more time!」
「這問題很難解決對嗎？沒事啦，既然已經錯過三次了，不如湊個第四次。」
「你不會只有這次搞砸，所以不用這麼自責哦！」

他的態度雖然有點隨便，但就是因為這種隨便，反而讓人無法太過認真地自責。

在我心中，**萬磨太郎的存在本身，就是一種對「錯誤」的重新定義。**以前我總覺得，犯錯是「不該發生的事」，但它其實只是過程的一部分，甚至是無法避免的循環。萬磨太郎讓我意識到，錯誤的本質不是讓人停下來糾結，而是引領人思考該如何繼續走下去。

我從萬磨太郎這位夥伴身上學習到兩件事。第一，是無論遇到什麼情況，都要對自己說「One more time!」，**只有允許自己再次嘗試，翻盤的機會才會真正到來**；第二，是只要不成癮，滑手機還是滿有收穫的。

希望這個簡單的小道具，讓我們都能把某些問題、某些錯誤，想得簡單點。

每多出現一個萬歷太郎，
就多一次機會找到對的方法。

21
有結果盆栽

與其擔心最後的結果，
不如專注於種植的過程

你在擔心某件事的結果嗎？

雖然還看不到答案，
但可以先看看——有結果盆栽。

它會透過盆栽裡的「結果」，給你一點提示：
是含苞待放？需要施肥？即將凋謝？還是結實累累——

叮叮！盆栽顯示：你擔心的事，正要開花啦！

但開花之後是落果，落果之後是凋零，
凋零之後是靜待萌芽，萌芽之後會再次生長……

看來，結果並不是終點，
一切都只是不斷變化的過程呀。

我的手機網頁裡面有一個釘選，是東港鎮海宮七王爺的線上抽籤。每當我想提前知道某些事情的結果時，都會去求一支籤。

有時，我也不是想知道真正的答案，只是想在難以抉擇或充滿不確定性時，尋找一點方向感。就像考試前，明明已經複習無數遍，卻仍會在心裡偷偷地自我占卜：「如果結果順利，待會看手機時間就會是偶數，不順利就是奇數。」

人總是習慣尋找這樣的蛛絲馬跡，讓自己安心前進。

而我人生中最多次請教七王爺的時期，正是籌備實體化商品招財公仔「刮刮樂呱呱」募資的那段時間。

刮刮樂呱呱是我第一次募資的商品。那陣子，我把大部分的工作與休息時間都花在處理呱呱上，每天打開筆電，第一件事是檢查各種資料，確保每個細節都在自己的掌控內。社群企畫、商品預算、設計調整、物流時程……就連後期可能出現的客訴類型，我也沙盤推演了好幾次。

我知道，商品開發對於創作者來說是必經之路，我理當可以更平常心地處理它。但真的很難，因為我已經比別人起步得晚，卻想做得更多、更完整。

關於該怎麼執行我是有自信的，但這個專案最大的挑戰不是設計、不是製作，**而是面對自己內心的不確定與壓力。**我準備得再怎麼周全，都仍無法改變不安的心情。

對於結果我很害怕，害怕這一切計畫得再完美，也無法保證結果是我想要的。

每天入睡前，我總想著各種悲觀的可能：如果募資金額達不到預期怎麼辦？如果大家不喜歡這個設計呢？如果物流出錯，會不會引來一連串負評？野心這麼大，失敗的風險也更大，我真的準備好了嗎？

那陣子，我每天都抽籤，抽無數支籤。

七王爺的籤詩，有時候給我安慰，有時候讓我更焦慮。我試圖在那些古老的字句裡，尋找一個確定的答案。

如果抽到不好的結果，我會鑽牛角尖地想詢問出解決方法，試圖改正結果；但抽到好的籤，我也不會就此心安，而是開始懷疑：「真的會這麼順利嗎？」

或許七王爺感受到了我劇烈的焦慮，印象中，那時候抽到的籤大多是吉籤。但專案結束，狀態慢慢恢復後，我再細細翻閱每一支籤，才發現——那些籤似乎不是在告訴我「結果」，而是在與我對話，試著安撫我。

比如其中有一支，我抽到了三遍以上，內容是這樣的：「勸君把定心莫虛，前途清吉得運時，到底中間無大事，又遇神仙守安居*」。

……謝謝七王爺！完全是在安慰弱小無助的我啊！

其他籤的內容也大同小異，都是讓我安心——會遇到問題，但能解決；會有突發狀況，但有貴人相助；會有短暫的迷茫，但雲散開後，終會迎來一輪滿月。

某天，我把這些籤分享給朋友，想笑自己當時的慌張與執著，朋友卻說：

「七王爺的這些籤好像不只是安慰耶，妳看，妳好奇的所有結果，最關鍵的影響因素都是妳自己。妳那些悉心的準備和過往的累積，都是導向這個成功結果的原因啊。雖然妳覺得那些是可以求神問卜的『命運』，**但命可能是老天爺給的，『運』是妳自己走出來的吧？**」

我一時語塞，腦中開始回放籌備嘔嘔時的種種。

自己試打樣的我、和朋友討論行銷企畫討論到深夜的我、把假日和追劇時間全拿去修改內容的我，還有那個明明知道風險很高，卻還是決定放手一搏的我。

那一刻，我好像突然懂了。

一邊懷疑自己、又一邊堅持不放棄；一邊焦慮結果、又一邊持續往前走——**每一個無人知曉的決定與轉折，都在種下原因，讓我獲得相應的結果。**

有了這樣的想法後，我好像也慢慢放過自己一點了。我開始學著在人生的不同階段，每當遇到不同的結果時，不要那麼急著定義「好或壞」。就像種植物一樣——**每一次的開花、落果、枯萎，其實都是一種前進、一種循環。**

現實就是這樣的吧？有時候你看起來像是失敗了，其實只是剛好到了凋零的階段，過不了多久，它又會重新冒芽。而現在擁有的結果，也不是什麼「完美結局」，就只是剛好走到了這個節點而已。

下一次出發，我一樣會遇到各種開花與落果，像以前經歷過的那樣。

帶著這樣的想法創作有結果盆栽，我好像也在對那個曾經那麼執著的自己說：**與其一心期待最後的收穫，不如專注於種植的過程。**只有這樣，我才能在無數個循環中，更踏實地面對一次次成果。

學會等待，欣賞過程的每一個變化，或許這才是真正讓人心安的方法。

＊ 保持穩定的心，不要胡思亂想。前途是順利的，當時機成熟，運勢自然會轉好。過程中雖然可能有小波折，但不會有大問題，並且會有貴人或神明庇佑，讓你安然度過。

結果並不是終點，

一切都只是不斷變化的過程呀。

22

遠在他鄉行李箱

在舒適圈外，也能找到另一個家

想出發嗎？去清晨的巴黎、秋天的京都，或遙遠的冰島。

還不敢踏出那一步？沒關係！
遠在他鄉行李箱是你的小型傳送門，
讓你待在原地，就能感受世界某個角落的生活氣息。

與城市交換故事與文化，
逐漸熟悉當地的節奏與日常。

直到有一天，當你真正站上那片土地，
才發現——他鄉，早已是你的另一個家。

在2024年末，歷經快三個月的高壓工作，被案子剝奪了許多娛樂時間，精神狀態接近崩潰的我，終於決定拋下一切，展開一場自我救贖的冒險——於十月遠赴日本福岡，進行為期十天的第一次獨自旅行。

我是真的工作到出發的前一天，所以行李與行程都整理得很隨便。帶著一點微妙的焦慮，我拖著行李箱前往機場，一邊走一邊想著：「如果這場旅行要拍成Vlog，標題應該是：《社畜不幹了！一個快壞掉的3D創作者逃往福岡的十天紀實》。」

抵達福岡後，我興奮地打開手機準備向家人報平安，結果訊息才寫到一半，突然覺得手上空空的——我的護照呢？！

心跳漏了一拍，瘋狂翻找，然後意識到：「啊，我把護照忘在飛機上了。」

看來護照留在飛機上，腦子也留在台灣了呢。

在驚險取回護照（謝謝機組人員的溫柔）之後，這趟旅程便開始出現各種驚喜副本，讓我體驗了許多「沒計畫卻超棒」的時刻，其中印象最深的，是意外逛到的玩具雜貨店。

那家玩具雜貨店像是時間停滯的老舖，木頭櫃子上擺滿了鐵皮玩具、懷舊糖果和紙牌遊戲。燈光昏黃，空氣裡帶著舊紙盒的味道，讓人瞬間掉進昭和時代。

一開始，我只是在店內獨自挑著玩具，但可能挑得太雀躍了，店內的爺爺開始試探性地想向我介紹。這時候，我不好意思地說出唯一流暢的日文句子：「你好，我不是日本人，我不會日文。」

本來以為對話會就此中斷，沒想到……爺爺居然用演默劇的方式，玩玩具給我看？

畫面實在太可愛，好像在看日本古早綜藝！那一刻，爺爺好像不是店鋪老闆，只是炫耀著許多新奇寶物的收藏者；而我也不是外國人，只是個沒見過世面、誤闖玩具王國的小女孩。

爺爺甚至在我挑玩具時，偷偷在旁邊坐墊下放了屁墊，然後讓我坐上去。其實我一眼就能看出他要整人了，但我還是坐了上去。屁聲一出來，我和他都笑個不停。

明明沒有對話，快樂卻依然能被分享、放大。在店內時，我沒有意識到自己正在體驗簡單而珍貴的幸福。回國之後，看著當時的照片，我由衷地感謝緣分，給了勇敢獨旅的我這一段美麗的回憶。

除了這間藏著惡作劇的玩具店，我還遇到許多無法預料的驚喜——家一般的民宿、能一起玩耍的異國朋友、當地人才知道的私房景點、一年一度的祭典、人生天花板等級的好吃天婦羅、衝動前往的花火大會、狂奔趕末班車的新奇體驗、與當地朋友一起玩公園盪鞦韆、特色咖啡廳探索……**這趟旅行沒有既定的軌道，但每一步，都是某種巧合的禮物。**

我沒去過福岡，但卻在這十天熟悉了這裡的超市、公車班次、街道，甚至習慣了用日文點餐，適應了每天晚上在民宿的小聚會。**這座城市不再只是旅遊地點，而是有溫度的存在。**

離開前一天，與民宿的大家吃了最後一頓晚餐。一起收拾時，老闆娘站在洗水槽旁，溫柔地對我說：「我知道妳一定還會再來，所以請不要覺得這是離別。這裡是妳福岡的家。」

真的只有十天，時間這麼短，回憶卻這麼長。

出發之前，我其實對獨自旅行感到有點害怕，怕自己體驗到的不是異國的文化，而是異鄉的孤獨。但相遇的一切彷彿都在獎勵我的勇敢出發，讓我更有信心，期待自己能踏上更多旅程。

獨自旅行，就是把自己放進世界的另一個角落，感受另一種生活的可能。當你回來時，心也變得更遼闊了，還多存放了一點他鄉的風景、文化、情感。這些讓你成為全新的自己，也同時開啟了更多可能性。

下一站，該去哪呢？

（寫完這篇，我又默默去刷機票了。）

23

無罪釋放槌

要對自己的心宣告：釋放無罪！

「好想逃。」
「其實很不想假裝。」
「討厭這樣。」

這些想法冒出來時，你告訴自己：「這樣想是不對的。」

於是，原本是心受傷的證據，
漸漸被判定爲罪惡。

這時候，敲一下無罪釋放槌，
就可以不再被對錯束縛，自由地將想法釋放。

你會發現，那些「罪惡」的想法，
就只是該被理解的情緒。

下一次，當你再產生同樣的想法，
至少在屬於你的國度裡，要對自己的心宣告——釋放無罪！

有時候，心裡會冒出連自己都覺得惡毒的話語。

應該大家都有過在職場裝乖的時候吧？雖然沒有實際問過同事，但透過幾次合作，夥伴對我的印象就是：思考與態度都很正向、動作迅速、品質很好，總之都是一些很好的評價。

但其實，我心中常常出現各種咒罵：「開會拖延時間的人是嫌下班時間太早嗎？」「不想好好合作就帶著你這個月的薪水滾吧。」「我覺得你和你古板的做事方式可以一起退休呢。」

呃，總之——都是些不能公開說的話。

可是，當這些惡毒的話冒出來，我又會開始為對方找理由：或許別人有自己的節奏？那我的想法就很沒禮貌，除了對事情沒幫助，也不像我平時的形象，如果表現出來的話，大家會覺得我很奇怪。因此，那些煩躁感通通被我定義為「罪惡」，壓在心底的大牢。

如果我的腦內和電影《腦筋急轉彎》一樣有情緒控制台，那名為「厭厭」的情緒應該不停被審判著——你對木木是沒有幫助的，而且別人會對木木印象變差，你不該出現。

我也從沒有仔細聆聽這些聲音出現的理由。

厭惡的心情浮現時，我跟自己說沒關係，反正說出來不會比較好，事情總會過去，別想了。然而，壓抑只會讓處境更艱難，我越來越常遇到值得咒罵的事，但仍然只是忽略它們。

這種處理方式讓我的情緒越發敏感，導致我對身邊親近的人開始表露不耐煩，於是關係變得僵硬。有時候事情就是這樣，**用善的方式處理會獲得善的循環，直上天堂；用惡的方式處理就會迎來惡的迴圈，滾落地獄。**

我終於發現，那些厭惡與煩躁感其實是一次又一次的提示，提醒我正在忍受不合理的時程安排，提醒我沒有那麼適合繼續下去，提醒我的心，現正你處於容易被傷害的環境。

如果不想讓事情越來越糟，那就應該合理地、公平地檢視這些厭惡。

到底為何這些惡毒的咒罵會出現呢？我在心裡拿出天秤，開始客觀地看待那些原本被我定義為「罪惡」的想法。或許從一開始，厭惡的情緒就沒有錯。遇到不好的事產生這樣的想法很正常，**該解決的，是讓我產生情緒的事，而不是我的情緒。**

無罪釋放槌，給曾經對自己說出「這麼想很不好」的你。這是你的世界，你的想法，你的心。對待情緒，你是唯一的證人，同時也是唯一的律師、唯一的法官。

「釋放無罪」，希望這可以成為一句有魔力的咒語，幫助你釋放一直被壓抑的心。

那些「罪惡」的想法，

就只是該被理解的情緒。

給你的
一段故事

果斷放棄火山

果敢放棄跟刻苦堅持，
是同等分量的賭注

身高
852 公分
個性
很果斷，有點容易生氣，
但又意外地好溝通。
體重
無法測量，會隨
著情緒變換。
使用時機
當你為了維持現狀，
壓抑自己太久時。

……放棄哪裡容易了？

要經歷摧毀、再重建自信；
要理智地認知到差異；
要放下那些「好不容易」。

經歷了這麼多，
你卻還是這麼問自己。

現在，有了果斷放棄火山，
你不用再獨自放棄！

當果斷放棄火山放氣時，
就是提醒你「果斷放棄」的時候到了。

這一次放棄，
有它會理解你、為你放氣。

放棄只是一種「自然現象」，
它可能會對現況造成破壞。

但也有可能，
會開發另一片沃土。

我有個工作上認識的朋友L，處事和專業能力都很不錯，是面試時會讓老闆覺得「遇到賺到」的類型，但L常常覺得自己只是努力做到「公司喜歡的事」，而不是真正熱愛她的事業。

當時，公司裡有一些熱愛工作又天賦過人的同事，對L來說，每每看著那些人的樣子，都是在提醒她的熱愛不夠純粹，天賦也不過如此。

雖然這樣的煩惱，在當時才剛出社會沒多久的我看來，有點奢侈（因為對我來說他們都超厲害好嗎），可是又能共感她的心情，那是一種不上不下的處境，是因為心中有退路，反而更難跨出一步。

沒過多久，L收到某間公司的邀約，那份職位與L目前的工作內容差異很大，是很新鮮的嘗試。

這份邀約讓L產生極大的興趣，但隨之而來占據她腦海的想法是：「我都30幾歲了，在這間公司已累積了信用和穩定，作品也持續成長，現在……要輕易放棄這一切嗎？」

聽到她的想法，我脫口而出：**放棄哪裡容易了？**

在旁人看來，L目前的職涯還有很大的成長空間，放棄也許很可惜。但就我看來，她在一次次的提案中摧毀又重建自信，在無數合作裡直面人與人之間的磨合，在眾人期望下用責任感撐起熱情之外的重量——她早就拚盡全力了。

要離開這一切去面對未知，到底哪裡「輕易」了？
「不要輕易放棄。」這深深刻在我們DNA裡的句子真是有毒。

當一個人反覆琢磨要不要放棄時，代表他已經付出了比自己想像中更多的努力。因為放棄和堅持同樣困難，所以才會猶豫。

而我們卻還要在這樣的時刻，說是「輕易」放棄？

人類對自己真的好嚴格啊。我們總習慣把「放棄」看成一種退縮，但對我來說，那只是在人生迷路時，為了能繼續往前而必要的一個選項。也許不是最正確的方向，也許根本不知道會走去哪，但在那一刻，**離開原地就已經很不容易了。**

最後，L真的接受了另一份工作的邀約，離職去嘗試了。有趣的是，她不再那麼執著於「堅持」，反而更願意靈活調整。即使到了新環境，只要發現不合適，她也會果斷放棄。那之後，她的生活又體驗了許多特別的經歷：協助朋友經營自創品牌、到國外長期旅居、和以前的老闆再次合作，晉升管理職擁有團隊，再次挑戰做出不同作品。

在她身上我看到，放棄如同火山爆發，它會對現況造成破壞，卻是個再正常不過的自然現象。**而火山爆發之後，我們也會獲得過去從未想過的機會，開發出另一片沃土。**

果斷放棄火山，給站在選擇邊緣的你。刻苦堅持與果敢放棄，在我心中是同等分量的賭注，希望我們都不要覺得哪個選擇比較「輕易」。

好好對待自己的想法，然後下定決心，不管堅持或放棄，都會好好地走向出口的。

Chapter 5

當心事行李箱超載

有些重量，不是丟掉，
而是要學會放下。

24

最後一根稻草人

偶爾也放手倒下試試吧！

最近，時間變得好奇怪。
專注的時間變短，發呆的時間變長，
想做點什麼，結果一抬頭，天已經黑了。

曾經心動的事提不起勁，
微不足道的小事，卻讓人淚崩。

你察覺到了嗎？
有些東西，悄悄變重了。

疲憊警戒！
快拿起最後一根稻草人，測試你現在的狀態！

狀態好的時候，他能輕鬆站立；
狀態不好時，連微風都能把他吹倒。
但即將倒下的稻草人不會掙扎，
反正，站著也累，乾脆躺一下吧！

狀態不好，就像喝醉一樣，真正醉倒的人，通常不會發現自己已經醉了。

我姊姊對紫微斗數略有研究，我們平常聊天，偶爾也會聊家裡人最近的運勢或狀態。有一年年底，她突然跟我說：「妳明年某段時間可能會特別低落，但不會馬上察覺，所以真的掉進去時，也很難立刻改變。」

「蛤？這樣也太被動了吧？」我立刻抗議，「難道沒有辦法預防，或者找方法解決嗎？」

對，我就是那種算命聽到不好的預測，第一反應不是害怕，而是直接追問「那我要怎麼解決？」的人，因為我是ENFJ（這跟ENFJ有關嗎？）。

姊姊回答，**與其等到陷進低潮再掙扎，不如先試著分辨「狀態好」和「狀態不好」時的差別**，最好有個具體的指標，這樣當狀態開始不對勁時，至少能提醒自己：「哦，原來我現在是狀態不好。」免除許多複雜的自我怪罪。

她的話讓我開始思考：如果能有一個簡單的方法，幫助自己察覺狀態呢？

於是，「最後一根稻草人」便誕生了。創造它時，我也設計了一個小測驗，當自己覺得渾渾噩噩、提不起勁時，就能測試一下，看看是還撐得住，還是早該休息了。

現在，這份測驗也分享給你：

問題

❶ 打開手機，發現一堆未讀訊息，你會？

A. 一邊滑一邊回，還能看看有沒有好玩的事。
B. 先回重要的，其他放著。
C. 覺得懶，甚至關掉 APP。
D. 假裝沒看到。

❷ 點飲料時店員問：「甜度要調整嗎？」你的反應是？

A. 馬上回答，還想搭配別的配料。
B. 猶豫了一下才決定。
C. 店員問第二次才回應。
D. 完全沒聽清楚，對方重複好幾次才反應。

❸ 你的音樂播放清單，最近？

A. 照常聽，還會分享給朋友。

B. 偶爾發現特別有感的歌。

C. 開始聽白噪音或純音樂。

D. 幾乎不開音樂，覺得任何聲音都很吵。

❹ 看喜歡的影片或劇時，你的狀態是？

A. 有幾部喜歡的，想推薦給朋友。

B. 有時候會分心，可能滑個手機再繼續看。

C. 喜歡快轉，偶爾會漏看重要劇情。

D. 常常重複觀看曾經看過的作品。

❺ 你出門買東西，結帳時店員對你說「謝謝」，你的反應是？

A. 自然地回「謝謝」或點頭。

B. 心裡有反應，但沒說出口。

C. 愣了一下，才意識到對方在說話。

D. 完全不記得最近一次出門的對話。

計算方式：A—0分｜B—1分｜C—2分｜D—3分

答案

0-3 分｜稻草人站得很穩

目前狀態不錯，偶爾累但完全能穩住！只是壓力這東西是會默默累積、突如其來暴擊的。

記得不要等到快壞掉才來修補，要適時放空，讓自己輕一點，這樣路途會走得更輕鬆、更長遠。

4-7 分｜稻草人開始晃了

最近是不是特別愛發呆？

你的大腦已經在偷偷開省電模式，正在提醒你：「該充電囉！」

不一定要大休息，聽個歌耍個廢、打開美食外送頁面，切換一下心情再繼續！

8-11 分｜稻草人搖搖欲墜

有種「該做點什麼」但完全不想動的感覺？

恭喜，你的身體電池健康度正式不及格，已經進入紅色警戒！

這時候不要再逼自己硬撐，趁還沒當機前趕快充電吧。

12 分以上｜稻草人直接倒地不起

你可能已經累到麻痺，甚至連「我累了」這件事都懶得去想。

這時候不是「再努力一下」，而是該強制關機，重啟系統換個場景，換個自己：
你需要的不是繼續硬撐，而是切換角色。
請假、出門、換個地方待著，哪怕只是去一間陌生的咖啡廳，都能讓大腦喘口氣。
或試試以下幾種方法：

- **有太多該做的事？不如先做「想做的事」：** 先去做幾件根本不重要、但能讓你開心的小事吧，不為追求生產力，只為了找回你的感覺。
- **遠離讓你窒息的東西：** 可能是工作或是社群媒體，甚至是某些關係。
- **允許自己短暫消失：** 這世界不會垮掉的，而你會因此找到更輕盈的自己。

給一直都撐著的你，這次，放手倒下試試吧！

即將倒下的稻草人不會掙扎，

反正，站著也累，

乾脆躺一下吧！

Bye
Bye

25

即將畢業紀念冊

看清自己真正想要什麼，
而不是別人擁有了什麼

即將畢業紀念冊，送走所有你想說再見的事物：

再見了，我的拖延症，
你陪我熬過無數夜晚，
但這一次，我們不用再一起趕末班車了。

掰掰啦，我的嫉妒心，
你讓我不斷回頭張望，
比較著誰跑得快、誰走得遠，
但接下來，我不想再跑沒有終點的操場。

舊戀情、壞習慣、那些「明天再來改變」的種種，
未來的課表，不再有你們的位置。

該畢業了。

祝福那些讓我困擾的一切，
珍重，再也不見。

我們每個人身上，都有幾種特質，伴隨自己成長，我們卻又總想擺脫。

對，沒錯，我說的就是你——我的嫉妒心。

它第一次出現，大概是高中的某次大考後吧。當別人開心地查詢錄取結果，而我還得繼續啃著參考書時，嫉妒心就坐到我旁邊，悠悠地嘆氣：「怎麼不是妳呢？」

我很生氣自己有這種想法，卻無法真正驅趕它，因為——我確實是這麼想的。

出社會後，它變得更勤勞了。看到有人辭掉工作、勇敢飛往異地開啟新生活，它語重心長地說：「看看人家，再看看妳。」

它很擅長找機會發言。每次看到別人過得很好，就會出來舉手提問：「所以，妳現在是落後了嗎？」它總能精準指出我的不足，讓我覺得自己好像一直慢了一步，哪怕我原來根本不覺得哪裡有問題。

為什麼這傢伙總是纏著我呢？！

這股煩躁感讓我開始跑了起來。不管是不是自己想走的路，先跑再說，總之不能落後；不管是不是自己需要的東西，先搶再說，總之不能輸。

當別人換了更好的工作，我就開始懷疑自己的職涯；別人談戀愛，我便開始思考自己怎麼還沒脫單；別人開始投資，我又開始焦慮自己是不是也該來買個ETF。

不知不覺間，**我把每個人的人生當成KPI，在心裡列了一張根本跑不完的進度表。**

然而，嫉妒心絕對不是個好的陪跑者。它在生活這座無限循環的操場上，不會告訴我起點在哪、終點在哪，只會不停打擊、干擾，讓人跑到喘得上氣不接下氣。

要命的是，我很難完全否定它的意義，因為有嫉妒心在，至少我還會跑起來。

嫉妒心讓我把「自我」當作燃料，不停燃燒，只為前進。

不過呢，我身上也有個特質是特別會「裝」，剛剛好能掩飾這份嫉妒心，讓它乖乖待在不會被別人發現的地方。這樣大家就只會覺得——木木是一個有企圖心、特別自律的人。

我確實也很會裝。裝作毫不在意，裝作不需要比較，裝作只是剛好也想試試而已。只要能夠合理化這份嫉妒，我就能讓自己看起來不那麼狼狽，甚至還能包裝成上進的有為青年。

好笑的是，有好長一段時間，我都覺得只有自己才會嫉妒，別人不會。聽起來很荒唐，但我是真的這麼想！在我心中，身邊的人都比我優秀，他們身上有太多我羨慕的樣子，所以潛意識裡，我根本沒想過**「他人也會嫉妒，這種情緒很正常」**。

直到某天，我與前公司的同事，也是到現在都還保持聯絡的好朋朋一起吃飯。飯局快結束時，她放下碗筷，認真地跟我說：「我真的好嫉妒妳。」

啊？

我聽到的當下真的愣住了。第一反應是：妳嫉妒我？妳有什麼好嫉妒我的？第二反應是——這是可以直接說出來的嗎？

朋友說：「妳一直都用自己的方式在創作作品，獲得很多人的喜愛，和大家的互動也很好，現在開了線上課程，事業又更上一層樓——而且個性還這麼好，我真的好嫉妒妳呀！」

她劈哩啪啦說了一堆，雖然語氣像在抱怨，但在我聽來卻非常可愛。從她口中，我重新認識了自己，也重新認知了「嫉妒」這兩個字。

原來，**嫉妒是這麼普通，又可以直說的心情。**那我以前到底在隱藏什麼啊？

我一直覺得，嫉妒心是種見不得光的東西，擁有它就代表自己不夠好、不夠大方，甚至輸了。但我朋友怎麼這麼帥氣！坦率的一句「我真的好嫉妒妳」就讓我徹底釋懷了。

她沒有因為自己產生這種情緒而感到羞恥。相反地，她就像在陳述一個事實，然後笑著說出來。

我突然意識到——嫉妒心就跟高興、難過、焦慮、期待一樣，不過是一種情緒。

我開始回想，過去那些讓我嫉妒的人，他們真的有阻礙我嗎？

沒有啊，他們的存在，甚至其實都一直在告訴我——這個世界的可能性比我想像的還多。我可以選擇羨慕、選擇比較，但我也可以把這些嫉妒轉化成對自己的提醒，**思考自己真正想要的東西是什麼，而不是為了追趕誰而拼命奔跑。**

那麼，這無限循環的內耗，就到此為止吧。

如果我羨慕一個人，是因為他做到了我想做到的事，那與其讓這份嫉妒變成焦慮，不如誠實告訴自己：「原來這是我想追求的。」然後，去思考怎麼用自己的方式實現。

所以，我決定讓嫉妒心正式畢業。

不是因為它不好，我也不可能徹底擺脫它，而是——我想允許自己成長，學會與之和平共處。

我要讓嫉妒心幫助我看清自己真正渴望的是什麼，而不是別人擁有了什麼。

畢業不是離別，而是帶著理解，走向更遠的地方。

再見了，我的嫉妒心。這場比賽，我不想再跑下去，我要開始走自己的路了。

26

給大腦熄燈

今晚，只溫柔地對自己道聲晚安就好

大腦是複雜的，人心是複雜的，生活是複雜的，
思緒是複雜的，感受是複雜的，夜晚是複雜的。

但只要輕輕拉下給大腦熄燈，就能簡單地關閉這些複雜。

……

……

對，接下來什麼都沒有了。

你已經做得夠多。
已經付出了太多，學會了太多，
努力了太多，迎戰了太多，承擔了太多。

已經……不需要再做什麼了。

晚安 ⋆｡˚｡⋆｡˚☾˚｡⋆

被我發現了！
你還沒關燈。

快點拉下給大腦熄燈，
讓視覺享受一場黑夜。

這裡沒有進度，沒有提醒，沒有期待……
什麼都沒有哦。

快去休息吧。

晚安。

27

一夜成長液

流下來的眼淚，
就當給自己澆澆水

夜裡偷偷掉下來的眼淚，
別急著擦掉，它可是珍貴的原料！

一夜成長液會悄悄收集這些眼淚，
在你睡著的時候，讓情緒發酵，
用你的每一滴委屈，
慢～慢～製作成長的藥水。

別小看這些眼淚——

它們不只是傷心的痕跡，也是滋潤的水，
悄悄灌溉著你身處的大地，
支撐你走得更穩、更遠。

三年前，我還在廣告公司上班，平日住在台北，假日如果沒加班就會回家。

我家在山上，四周都是花草樹木，是一個大眾運輸到不了、也叫不到計程車的地方。雖然有點不方便，但對於整天吸著台北廢氣、每天被城市壓力折騰的我來說，那裡是最好的充電站。

有一陣子，公司在趕一個重要的案子，身擔大責，我已經好幾週沒回家了。每天加班到深夜，壓力日漸累積，我告訴自己，撐過去就好了。

然後，我搞砸了。

那是一場重要的會議，我因為經驗不足，在與合作團隊溝通時發生失誤，導致對方決定不繼續合作。

專案才剛起頭，雖然沒有造成太多時間成本的損失，但得知消息時，我整個人都僵住了。團隊是因為信任，才讓我負責這麼關鍵的工作，結果，我卻讓計畫破了局。

那種感覺真的很糟糕，像是整個人被埋進乾涸的土壤裡，卡得動彈不得，無論怎麼掙扎，都找不到讓自己鬆動的縫隙。

不過，案子暫緩後，我終於有機會回家。

當晚，我一個人坐在家門外的草地上，眼眶裡的委屈終於失控地湧出來。不是小聲啜泣，是完全壓不住的那種大哭。

連續好幾週的壓力加上自責，讓我連站著都覺得很費力，只能癱坐在草地上痛哭。淚水滴到衣服上，沾濕了一大片。哭著哭著，我乾脆整個人臉朝著草地繼續哭，姿勢詭異得像在研究螞蟻，但淚水早已模糊我的視線，什麼都看不清。

然後，一個超級無厘頭的想法，突然從腦海裡冒出來。

「呃，我現在好像一台澆花器。」

……這個念頭實在太蠢，讓我瞬間哭不下去，甚至還忍不住笑了一下。受傷的眼淚，原來還能有這種用途？

那一刻，我突然覺得，哭這件事好像也沒那麼糟。眼淚雖然不能解決問題，但至少，它們讓情緒有了出口，也讓身體知道：

「我正在經歷一些很難熬的事，但我正在處理它。」

哭過之後，心裡輕了些，像是乾涸的土壤終於吸收了一場雨，鬆動了一點，能夠再次呼吸。

隔週回到公司，團隊開了檢討會議，重新整理策略，也找到了更適合的合作夥伴。回頭看才發現，當初的合作團隊本來就不適合我們。如果沒有這場失誤，或許還會繼續勉強合作，讓問題越滾越大，最後反而耗費更多時間與資源。

最後，案子不僅順利完成，甚至還獲得了國際獎項，成為我廣告生涯中最重要的成就之一。

如果當時沒有那場挫敗，我們可能還會執著於原本的方向，困在一場注定彼此消耗的合作關係裡，承受更大的損失。

生活裡，總有些事會讓你痛、讓你流淚。**但眼淚落下的同時，我們也在學著釋放壓力，適應變化，讓原本難以承受的事，慢慢地變得能夠克服。**

現在的我，仍然會因為各種事落淚，但我知道，這些眼淚都會被一夜成長液收集起來，悄悄滋潤我身處的大地，讓我站得更穩，走得更遠。

28

回應寂寞電話亭

寂寞未必需要實際的陪伴，
有時只要一個回音就夠了

有時感到寂寞，會想找人傾訴，
但又莫名地不想讓人知道自己寂寞。

這時走進回應寂寞電話亭，電話那頭會回應你的心情。

你獲得的，不一定是安慰的話語，
可能是漫畫裡的某句台詞，
是電台隨機播放的某首歌，
是手機相簿中加入精選的某張照片，
也可能是你現在手中的這本書。

你不在寂寞中渴望陪伴，只在寂靜中尋找理解。

電話亭只能容納一個人，但這世界不是，
寂寞是所有人的共同語言，你並不孤單。

這通電話，你得到回應了嗎？

回應寂寞電話亭，誕生於我在世新大學的一場講座。

當時，有一位學生在白紙上畫了一台舊式旋轉撥號電話，旁邊寫著：「有時候我會想要找人訴說心事，但同時又不想讓人知道。」

這句話瞬間勾起我心中一種熟悉而矛盾的情緒——**渴望將心裡的話說出來，卻又不願意顯露全部的自己。**因為一旦讓他人知道了，就像是承認自己受了傷，或者無形中增加別人回應的壓力。這種「既渴望又抗拒」的狀態，反而讓內心的寂寞顯得更加強烈。

夜晚開著聊天框打字，卻始終沒按下發送。在Google搜尋框輸入困擾自己的問題，卻不是真的想找答案，而是想確認這個問題別人是否也遇過。翻到一張舊照片，想發限時動態，卻又忽然產生莫名的猶豫，最後還是讓照片只停留在相簿……

這些細微而矛盾的行為，也許顯示了**一種需要出口，卻又不想被過度介入的心情**，就像是走進一座只能容納一個人的回應寂寞電話亭。

拿起聽筒，不知道電話那頭會是誰，也不知道會聽到什麼。沒有真的在期待答案，只是想讓心裡的情緒有個出口，讓自己的話語降落在某個地方，而不只是困在腦海中。

然而，聽筒裡傳來的，可能不是直接的回應，而是一首剛好貼近心情的歌，一部曾經感動過無數人的電影，一本書中的某句話，或者是一位創作者曾留下的創作片段。這些內容沒有刻意的安慰，卻總能讓你在某一刻感覺到：**「啊，原來不只我這樣想。」**

寂寞不一定需要形式上的陪伴，有時候，只是需要一個回音。

在看到那位學生寫下的那句話時，我彷彿接起了一通來自回應寂寞電話亭的電話。那一刻我意識到，自己也曾有過這樣的感覺——渴望被理解，卻也享受著孤獨帶來的自由。

我們沒有真正對話，卻在這場無聲的通話裡產生了共鳴，發現自己並不孤單。

或許，這正是這通電話最好的回應。

現代社會，我們太習慣「快速修復」自己的情緒。難過了就刷手機、打開Netflix、滑短影片，好像一切都應該立刻轉移注意力、快速找到出口。但「寂寞」這種感受，是無法被這麼快解決的，某種意義上來說，我甚至覺得**寂寞不需要解決，它只需要一個可以安靜存在的地方。**

在回應寂寞電話亭中，不一定馬上找得到答案，但你能夠確認自己的感受是真實的，並且這世界上，有許多人也和你共享同樣的心情。

雖然我們在這電話亭裡，都是獨身一人，但請別忘記——你和我，我和他，這份寂寞是我們彼此的共同語言，僅僅如此，便已足夠。

不在寂寞中渴望陪伴，
只在寂靜中尋找理解。

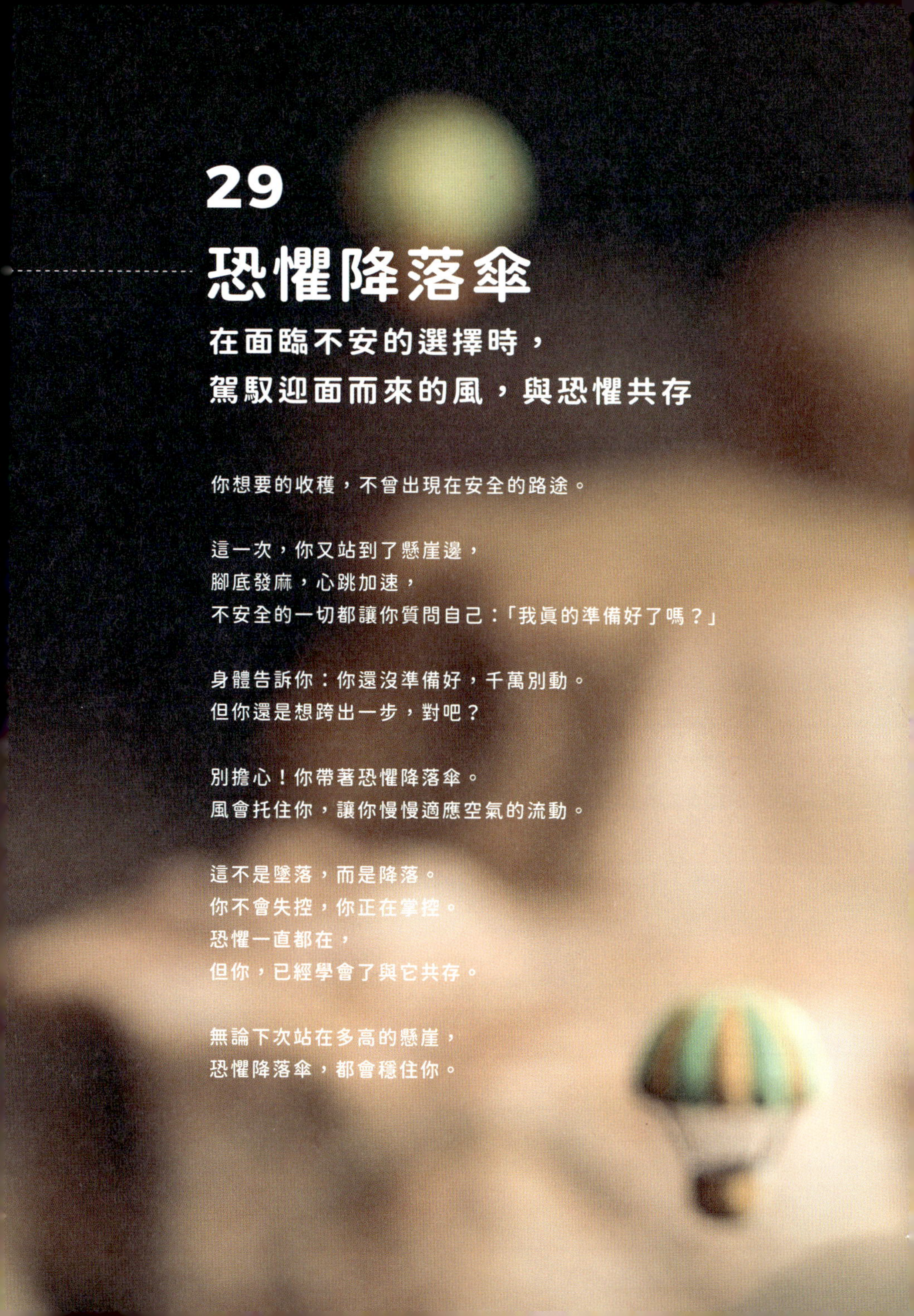

29

恐懼降落傘

在面臨不安的選擇時，
駕馭迎面而來的風，與恐懼共存

你想要的收穫，不會出現在安全的路途。

這一次，你又站到了懸崖邊，
腳底發麻，心跳加速，
不安全的一切都讓你質問自己：「我真的準備好了嗎？」

身體告訴你：你還沒準備好，千萬別動。
但你還是想跨出一步，對吧？

別擔心！你帶著恐懼降落傘。
風會托住你，讓你慢慢適應空氣的流動。

這不是墜落，而是降落。
你不會失控，你正在掌控。
恐懼一直都在，
但你，已經學會了與它共存。

無論下次站在多高的懸崖，
恐懼降落傘，都會穩住你。

大家聽說過2025年七月五日的災難預言嗎？

如果這本書順利出版，而你現在正平安地閱讀這段文字，代表我們所處的時空，並沒有遇上龍樹諒所看見的未來*—— 真是太好了。

關於災難預言，每隔幾年就會出現一次。有些來自天象，有些則是模糊的災難敘述。從邏輯與歷史的角度看，這類預言實現的機率極低，真正容易釀成災難的，往往是預言引發的恐慌。身為沒有上帝視角的人類，我們無法左右預言是否成真，但我們擁有主導自己生活的能力——本來我是這麼想的，直到我遇上了一份**完全無法靠意志力控制的情緒：恐懼。**

我沒辦法控制恐懼。

儘管理智知道事情發生的機率微乎其微，但面對災難的想像，人類的本能反應依然是逃避。因此，我取消了原訂六月前往日本廣島的獨旅計畫。

本來日期都訂了，班機和住宿也都選好了，卻因為身邊親友的擔心，還有幾句「七月有災難預言耶，去日本不太好吧 ？」

「今年飛航安全問題好多，妳還要出國嗎？」讓我猶豫了。人雖然安全地留在原地，內心卻沒能得到真正的安穩。

取消這趟旅程後，我會每隔兩三天就查一次廣島的天氣、確認本來要搭的那班飛機還有沒有位子、下意識地排開那段日子的工作……這根本就是還想去嘛！也是在發現這份期待有點影響到我的工作狀態後，我心一橫，直接刷了機票和住宿，不給自己反悔的機會。

下定決心的那一刻，我是這麼想的：**如果我不願意面對這份恐懼，命運或許就會用別的方式來逼我面對。**

所以，我還是出發了！

很幸運地，我擁有比預想中更豐富且自由的回憶。與新的緣分相遇，與歷史共情，與當地人交換故事，也一次次與內心的膽怯對話。我不想浪漫化地說自己「很勇敢」，因為事實上，我怕得要命——怕此刻的幸福被命運嫉妒，怕所有美好都是最後的晚餐。

旅途結尾，這份恐懼還不減反增。回程前一天，我看到印度航空171號班機空難的新聞，沒過多久，又出現中華航空在韓國降落出問題的消息。這讓隔天要搭乘華航返台的我感到非常慌亂。

那些新聞讓我冒出許多毫無邏輯的想法——我想改航班、想退票，甚至想乾脆不回來。沒有一個決定合乎理性，但在恐懼的放大下，一切都顯得合理。

我努力告訴自己：這是我的恐懼，並不是事實。**如果我不想讓恐懼替我的生活做出選擇，就必須好好理解它的來源，並做出適合當下的判斷。**

每場災難都有其發生的脈絡；他人的遭遇，不代表是命運對我的預告。飛機是安全的交通工具，我必須選擇相信專業，而不是讓想像凌駕現實。

就這樣，我搭上返回台灣的飛機，並在經歷兩小時內五次亂流的航程中，有驚無險地落地了。

可能對某些人來說，旅遊這種普通的小事沒有必要這麼害怕，但畢竟每個人恐懼的事物都不一樣，有人害怕飛機、有人害怕狗、有人害怕看似無害的白色、有人害怕接電話、有人害怕將自己的害怕說出來，因為別人會說「這有什麼好怕的」。

所以我想說出來，我想承認我的恐懼，除了帶給身邊的人一點面對恐懼的勇氣，也是因為承認後，才能更明確地感受到——**恐懼是恐懼，內心的聲音是內心的聲音。**我必須多面對幾次，才能在未來無數的決定中，更自信地說這兩者並不同。

這樣的自信，是屬於我的恐懼降落傘，讓我在每次面臨不安的選擇時，能駕馭迎面而來的風，與恐懼共存。我不會失控，我正在掌控，掌控著自己的心不要墜落，而是穩穩降落。

這樣的我，已經隨時準備好飛行了。

＊龍樹諒是日本漫畫家，著有《我所看見的未來》，書中提到她夢見2025年七月五日將發生改變日本與周邊地區的大災難。

給你的
一段故事

治焦慮芭蕉

等時機成熟了，成果自然就來了

身高
16 公分

個性
情緒穩定，喜歡曬太陽，
熟了之後會變得更溫暖。

體重
180 公克

使用時機
當你感到焦慮、壓力大時。

焦慮時，把蕉蕉放在身邊。
當綠芭蕉從綠……

變黃……

讓你焦慮的事
也會隨之消失！

過去的日子辛苦了，
以後有它替你治焦慮，
一切都會沒事的！❤

創作治焦慮芭蕉時，我正在焦慮那陣子沒有新靈感。

好枯竭！我要江郎才盡了！

完蛋了，我是不是這輩子的好點子已經用完了？怎麼想不到新東西？我以前到底是怎麼想到那些道具的？是不是因為最近沒有在接收刺激？還是說，我是真的沒有才華……以下省略名為〈現代創作者高效自我消耗指南〉的800字小作文，以免大家的腦袋跟我一起超載。

所以，治焦慮芭蕉這個道具，其實是我在焦慮的深淵裡打滾、掙扎，內耗到極致，在靈感的熔爐裡經歷烈火淬鍊，痛苦地與焦慮共舞，然後終於，在漫長的思索與掙扎後，靈光乍現，創造出來的——

……嘿嘿，沒有。其實我是焦慮到累了，於是跑去滑手機，結果看到友人在限時動態發了一張綠色的芭蕉圖，上面寫著「蕉綠」，然後靈感就這麼蹦出來了。

接著，它就這麼成為了我第一個社群轉發破千的道具。

很莫名其妙吧？最初讓我被定調為療癒系創作者的道具，設計過程反而出奇地單純、直白。

但也正是因為這樣的創作，讓我更深刻地認識了「焦慮」這個情緒。焦慮不是一個非得排除的存在，也不是什麼值得反覆深究的難題。

焦慮的出現，只能證明一件事情——那就是**我在乎，我期待，我想做好。**

而焦慮在我們腦海裡編織出的那些自我質疑，聽起來好像有道理，但其實，全都是自己妄想出的爛劇本與爛台詞，從來不是事實。

所以，我乾脆放棄對抗它了。與其被焦慮控制，糾結自己為什麼還沒得到渴望的東西，倒不如直接承認：**對啦！現在就是時機未到。**

芭蕉還沒熟，還不到採收的時候，我仍然可以繼續栽種，繼續澆水，繼續過日子。它不會因為我的焦慮而熟得更快，**人生也不會因為我一直憂慮著未來，就突然變成理想的樣子。**時間有自己的節奏，該長的葉子會長，該結的果實會結，當它熟成了，自然會落下。

所以，我就繼續等吧。

等對的時機到來，或者等到有一天，發現自己早已不會被焦慮控制。

Chapter 6

當幸福開始貶值

快樂見底時，補充能量的地方，
可能比你想的還要近。

30

行事曆賓果

行事曆有了空白，日子才不再空白

忙碌的生活是一場遊戲，卻沒有人贏得勝利。
不如，讓我們玩點別的？

在行事曆賓果上填寫你的每日行程，
當所有行程連成一條又一條的線，
恭喜你——賓果了！
你的獎勵是：所有行程瞬間清空！

待辦事項歸零，負擔也清零，
沒有了提醒，也沒有人催促，
終於，時間重新回到你的手中。

行事曆有了空白，日子才不再空白。
請盡情享受你的獎勵吧！

行事曆賓果，是我自己開始創作道具前，還在廣告公司時想到的idea。當時我們正在比稿*一家航空公司的廣告代理。我一直有點想不通——明明平常的工作就是在想怎麼做廣告，比稿也是在做同樣的事，但為什麼一旦進入比稿模式，工作量就會瞬間爆炸？

每天看著行事曆上的待辦事項一天比一天還多，我真的有點絕望。**又不是在玩什麼收集遊戲，為什麼一定要把這些格子填滿呢？**而且，看著一格格擠得滿滿的行事曆，我發現日子也沒有過得比較充實。

或許是因為這樣的日子太過於被動，就像是一場行事曆版的賓果遊戲——別人喊一個號碼，我就得乖乖在相對應的格子畫上記號。

「這週開會？」畫上去。
「為這個提案加班？」畫上去。
「週末還要補資料？」好，畫上去。

等到回過神來，整張行事曆已經填滿，像一場沒人通知我已經開始的遊戲。

我以為這是在累積什麼，結果只是一直在應聲、畫記、機械式地執行。等到某一天，終於「賓果」了——才發現，這根本不是什麼值得慶祝的時刻。

但有時候，靈感就是會在疲憊又混亂的時候冒出來。

剛好我們正在比稿的，是一家主打海外旅遊的航空公司。結合「行事曆賓果」這個概念，我設計了一個有趣的行銷活動——「你賓果了嗎？該給自己放個假了！」

上班族的行事曆裡，記錄著該執行的案子、該參與的會議、該提交的報告，甚至連午休時間都可能被夾進一場臨時討論。但當你的行事曆忙到能連成一條又一條的賓果線時，你有沒有想過，這其實不是成就感的證明，**而是該排開行程、讓行事曆空白，真正放個假的信號？**

遊戲規則很簡單——秀出你的工作行事曆！當你的行程成功連成一條賓果線，代表你該為自己騰出時間，真正休息一下。而連成的賓果線越多，航空公司就送出越多旅遊優惠，讓你不再繼續填滿行事曆，而是真正踏出辦公室，享受一場毫無行程壓力的美好假期！

想到這個點子的當下，我興奮地跑去跟總監分享，沒想到，大家竟然都很喜歡這個想法，甚至開始熱烈討論怎麼讓它變得更好。身為一個還在學習階段的廣告新人，這種被「看見」的感覺真的太爽了！而在團隊的協助下，行事曆賓果也成為了這次比稿的其中一個武器，準備好為我們打出漂亮的一戰。

我們信心滿滿地拿著提案去參與了比稿，然後——就沒有然後了。最終，我們沒能成功拿下。

當時真的覺得很可惜，畢竟我們計畫得這麼完整，甚至連最後的簡報，都讓人覺得想要的成果已經到手了。但結果出來的那一刻，我們只能相視苦笑。

但也沒辦法，比稿本來就是這樣的，**輸贏從不只取決於創意，還有無數我們無法掌控的因素。**於是，從那天起，行事曆賓果變成了我心裡的一個小小遺憾，每次買機票時，都會浮現在我腦海裡。

雖然這個idea最終沒有執行，但隨著比稿的結束，我的行事曆也終於迎來一點空白。從某個角度來看，我確實是「賓果」了，換來的獎勵是一段真正能喘口氣的時間。

下一次，等行事曆又再被排滿，我還會再玩一次行事曆賓果，**給自己放假，讓自己充電。**畢竟行事曆有了空白，日子才不再空白。

＊指多家創意團隊根據同一簡報提案，競爭案子的過程。最終業主會選擇其中一家合作。

31

黑洞唱片機

把複雜的一切，都丟進黑洞漩渦

世界還在喧譁，黑洞緩緩轉動，
旋律開始吞噬雜音。

黑洞唱片機，會把生活的一切複雜捲入黑洞漩渦，
一圈、兩圈、三圈，滑進深不見底的黑暗。

低音一響，現實退場——

讓音樂繼續播放，
讓責任按下暫停，
讓壓力倒帶，讓煩惱靜音，
讓時間慢轉，讓靈魂跟上節奏，
讓此刻的宇宙只有旋律，只有你。

我有一位朋友音樂品味真的很好，什麼歌都聽，什麼歌都能欣賞。不管是不同語言的歌詞，還是純器樂演奏，從日本的シティポップ（City Pop）到法國的Chanson，再到北歐的Dream Pop，都能在他的音樂清單中看到。

我總是會偷偷去看他的playlist，然後默默加到自己的歌單。一群朋友出去玩時，也很常請他準備適配的音樂清單（沒有逼迫哦），讓整場聚會在BGM的渲染下更有氣氛——像是電影裡的每一個場景，都有剛剛好的配樂，氣氛對了，連回憶都變得更有質感。

寫這本書時，我也希望昇華大家的閱讀體驗。所以！請容我推薦，在創作每一個章節時，我所配的BGM。

不同的旋律對應不同的回憶，它們讓我想起更多故事的細節，喚起當時的感受，並轉化成文字，最終創作出黑洞唱片機還有這本書。

木木寫書音樂清單

如果你想更貼近「我」的視角，感受每一個道具的誕生，歡迎戴上耳機，播放黑洞唱片機，讓旋律帶你進入我的靈感漩渦。

讀者專屬音樂清單投稿

如果在體驗這本書裡的任何道具時，你內心也響起了某一首歌，歡迎將歌曲加入黑洞唱片機，讓我也能用「你」的視角，體驗各種故事。

那麼，準備好了嗎？

讓我們對生活按下暫停鍵，讓煩惱、壓力都靜音，讓音樂繼續播放。跟上節奏，直到宇宙只剩下音樂的黑洞。

32

偶像編劇筆

做一件熱愛的事，真的能編寫人生

偶像編劇筆，可以編寫與愛豆有關的故事。

無論寫下什麼，
只要你敢想，劇情就會成真！

一切任你決定，愛豆由你導演，
讓戀愛感回歸，讓事業粉圓夢，
寫下你的專屬視角，畫出你的獨家飯拍。

拿起筆的你，想到要寫什麼了嗎？

這個故事我可以講到80歲。

現在的我是一名社群創作者，開設了幾堂3D線上課程，也有販售實體化商品，而這一切的源頭都是因為——大學時自學了3D創作。

學3D也不是課業使然。雖然系上有開選修課程，但真的對老師感到很抱歉，那段時間我的心思完全花在追星上，這堂課也差點被當。

當時我的生活幾乎被愛豆填滿。醒來刷最新消息，耳機裡輪播的是他們的歌，吃飯配的是他們的綜藝。我不只是關注，還會研究團員們的造型變化、回歸宣傳、演唱會周邊設計。**對我來說，追星不只是娛樂，而是生活很重要的一部分。**

為了找人一起討論新舞台、分析消息，我透過微博認識了許多同擔*。我們不只聊天，還會一起設計周邊或手幅，讓粉絲們能在演唱會上舉起應援，給愛豆更多支持。

當時結交的同擔，大多是中國人。我們彼此尊重，一起分享追星的快樂，哪怕距離相隔遙遠，哪怕從未見過面，還是能在網路上建立起一種難以言喻的連結。那時的我們都很投入，關係也很純粹。

但隨著彼此越來越熟，我開始注意到一件讓我很震驚的事：他們很多人，都開始做 3D 了。

等一下，我們年紀不是差不多嗎？你們很多人甚至不是設計背景耶？

這件事對當時的我來說非常衝擊。身為雲林科技大學視覺傳達設計系的學生，在這個設計圈頗具名氣的科系裡，身邊的同學都還沒正式接觸過 3D，但我的這群同擔朋友，竟然已經開始玩 3D 了？

對，他們說這叫「玩」。

可能是風氣不同，他們對分享作品沒有太多顧慮。比如說我可能會想：「學這個技能到底能用在哪裡？」或者「作品要有一定水準才能放上社群」。但他們不是。**他們想到就去嘗試，做了就發，沒在管學了有沒有用、能不能變現，純粹因為有興趣就去玩。**

看著他們用新技術為愛豆做周邊，我……我也想啊！

同儕影響加上不服輸的個性，讓我對3D產生了一種不太單純的渴望。我不是真的對3D著迷，而是覺得拿3D來做設計很酷。最後，我也加入了他們的行列，邊追星邊學3D。因為剛好有學以致用的地方（對，就是愛豆的周邊），所以學習動力特別強，進步得也很快，不到一個月的時間，我就熟悉這個技能了。

不過也很抱歉，我是為了愛豆學3D的沒錯，但沒過多久我就脫粉了，哈哈！反而是3D這個技能一直陪伴我到現在，讓我遇見許多人，經歷許多事，還擁有了一份可以獲得很多幸福的職業。

時過境遷，我雖不再停留於同一顆星星下，但熱愛讓我持續探索，一路走來技術也越來越精進，不只開設了3D線上課程，也接到了不少品牌的邀請，製作3D動畫作品，其中也包含了喜歡的偶像代言的品牌。忙碌的日子裡再想起這個故事，我也會思考：「一門技術到底會帶來什麼收益？追星真的只是興趣嗎？」

也許一開始，我只是單純地沉浸在喜歡的事物裡，沒想過它會帶來什麼。但當初那股熱情卻在不知不覺間，推著我走向一條全新的路。

一項技術能否帶來收益，熱愛會不會變成養分，這些問題的答案，或許從來都不需要預先知道。因為**當你夠喜歡一件事，願意投入其中，它自然會在某個時刻，以意想不到的方式，真誠地回應你。**

---

* 「同擔」是K-POP流行文化用語，意指與你喜歡同一位偶像的粉絲夥伴。彼此會一起追星、交流消息、分享應援，是粉絲族群中的小小革命情感。

33

早日退休爺

在適當的時候「退」一步，
在需要的時候「休」一下

拜早日退休爺，
祂會助你提早退休，享受自由！

將早日退休爺放在辦公桌上搖，
日子也會越～搖～越～逍遙～

祝福你：早早開始逍遙，日日都在享受！

我們家第一位退休的，是我爸。

可能是因病退休，也可能是因為年代不同，我爸並不像我們這代人一樣，對退休有強烈渴望。

以我來說好了。當年還沒離開職場時，我每天早上起床的第一個念頭，不是「今天要努力工作」，而是——「還要再幹幾年才不用上班？」我研究怎麼存退休金，可能也比研究怎麼升遷還認真。

至少對我來說，退休不是勞碌一生後的安穩，而是提前擺脫資本主義折磨的終極勝利。

觀念的不同，導致一生都為公司奉獻自己的爸爸，在剛退休時有強烈的不適應。他習慣區分工作日與假日，**卻忘記這些不過都是人生中的普通日子。**他本來可以在退休的悠閒時光裡，做一些上班時無法做的事，但他卻連「除了上班還可以幹嘛」都忘記了。

退休，對我們來說是期待已久的自由，對他來說，卻像是一個運轉了幾十年的系統突然壞掉，讓他不知接下來該如何運作自己的人生。

我在我爸退休的同年同月離開了職場，陪他待在家養病一小段時間，所以很清楚爸爸當時的狀態。那是一種身分被剝奪的感覺——作為家庭支柱的身分、公司大樑的身分、為社會貢獻的身分。

我也感到有點懊惱，當初看他生病那麼難受，根本無法放心讓他回到職場，所以家人和我都極力勸他退休。但當他真的卸下工作後，我才發現，**退休是照顧到了爸爸的身體沒錯，卻沒有照顧到他的心。**

日子還是一天天過，爸爸身體開始好轉後，有了更多空白的時間。於是，我們決定在假期多規畫出去玩的活動，讓爸爸多接觸人群，別待在家悶著。某次假期，在三義逛街時，我對一家木工店賣的木製盪鞦韆盆栽一見鍾情！然後……又被價格一箭穿心。

可是回家之後還是念念不忘，連那個盪鞦韆盆栽能放在房間哪個角落我都想好了。想著想著，剛好想到爸爸也會點木工，我便把主意打到他頭上，在網路上找到類似的設計圖，稍作改良後，請爸爸試試看能不能做出來。

結果，他一做就是好幾個！而且每個都比我當初在店裡看到的還要美、還要精緻。作為一名離開資本主義後自己變成資本主義的創作者，我從中看見了改變爸爸生活的可能性！

在那之後，我便有意無意地尋找可以簡單製作，又能美化環境的木工設計，然後請我爸動手試做。現在我房間的三層書櫃、床頭櫃、造型氣氛燈、掛牆展示板、放公仔的木座……全部都是我爸親手做的。

這些作品有些送給了親友，有些被我發到網路上，收穫廣大回響。那些留言我都一則則念給爸爸聽，他會開心地問我有沒有把照片拍好，也會一頭熱地想做更多漂亮的木工裝飾品。

現在，我爸爸的生活就是在山上種種花草、做做木工、看看棒球，偶爾和朋友去找哪裡可以釣魚。生活模式跟剛退休時沒有改變太多，心態卻寬鬆許多。終於，**他從興趣中恢復了自信，也在生活中學會了「退」與「休」。**

所謂退休，其實不是離開某一種人生，而是能更自由地決定自己的步調。我也想試試看在生活的每時每刻都實踐退休——不用完全抽離工作，也不用從某個身分撤退，**而是在適當的時候「退」一步**，給自己留一點空間，去感受生活的流動；**在需要的時候「休」一下**，讓生活變得更溫和、更貼近自己的節奏。

這一份逍遙與自由，希望大家與我都能早日擁有。

34

幸福詛咒符

詛咒你超級、超級、超級幸福！

此符一旦貼上，詛咒即刻生效！

無法解除，無關條件，
無須計算它能維持多久——
幸福將徹底滲透你的靈魂。

此符不測算未來，也不保證永恆，
它只掌管此時、此刻、此瞬間。

你將感受到幸福，
不帶恐懼，不夾雜欲望，
不需要爲維持它而做任何多餘的事。

這不是祝福，也不是獎勵，
只是幸福，單純地降臨。

福

某天，我在網路上看到有篇貼文說：「幸福是一種詛咒。」

它讓人沉浸在安逸裡，習慣穩定，逐漸忽略變化的可能性。它讓人開始期待，渴望幸福能一直存在，但現實是，永恆並不存在。於是，擁有幸福的同時，也害怕它會消失，**這種恐懼讓幸福變得不再純粹，反而成了一種壓力。**

我對這種說法一直存疑，直到查資料時，發現了所謂的櫻桃恐懼症（Cherophobia）*。別誤會，這不是指害怕櫻桃，而是一種心理狀態，指的是人們對於幸福、快樂或正向情緒的過度焦慮與抗拒。**這些人不是討厭快樂，而是害怕快樂過後的落差難以承受，於是乾脆選擇避開。**

我可以質疑極端的言論，但也不得不承認，這種想法在人生某些時刻確實曾經浮現過。「幸福的開始，是悲傷的倒數計時」這句話會流傳，並不是沒有原因的。

在我自由接案之後，事業的一切都很浮動，案子有時來得又快又多，我根本無法區分平日或假日，每天都是工作日。沒過幾天，又會馬上進入無止盡的空窗期，腦袋沒有工作可以運作，只能想著一些「我還適合做這行嗎？」的自我懷疑。

工作是這樣，感情也是。熱戀時什麼都答應，覺得兩個人一起面對什麼都可以，但熱度退了，訊息慢回了，約會少了，或哪天真的結束了，那種反差感會讓人覺得自己被騙了，好像幸福只是個讓人更痛苦的陷阱。

這些事告訴我，幸福變得踏實的同時，悲傷也會更顯眼。

但是，所以呢？

寫到這裡，我想停下來了。停下來，為開頭那句話多加上幾個字——**認為「幸福是一種詛咒」這件事，才是真正的詛咒。**

幸福從來不是詛咒，真正的詛咒，是我們害怕幸福。幸福與悲傷從來不是敵人，沒有誰一定會吞噬誰，**如果我們因為害怕幸福會消失，就拒絕擁有它，那才是最大的損失。**所以，我決定用魔法打敗魔法，用詛咒攻擊詛咒——讓幸福回歸幸福。

創作幸福詛咒符，就是希望自己能打從心底認可幸福的到來。幸福不需要創造任何條件，也不是做了什麼之後回饋的獎勵，更不是因為做得好而獲得的肯定；它只是當下的感受，**因為我感到幸福，所以我幸福。**

我們總是被教導**「幸福是努力換來的」，但這個前提，本來就是錯的。**如果我們不再把幸福當成一種結果，而是一種純粹的存在，它就不需要被證明，也不需要害怕失去。

所以，下次如果再遇到這種偷換概念，讓你覺得「害怕擁有幸福」的言論，請在自己的腦袋貼上幸福詛咒符——詛咒自己超級、超級、超級幸福！

＊ Chero源自希臘語「χαρά（chará）」，意思是「快樂」或「幸福」，與櫻桃（cherry）完全無關。如果看到有人把「Cherophobia」翻成「櫻桃恐懼症」，其實是個有趣的誤譯。

✺✺✺

此時、此刻、此瞬間。

幸福將徹底滲透你的靈魂。

給你的
一段故事

00520

愛，是一種聰明的投資

身高
52 公分

個性
比較客觀、理性，喜歡每天早上閱讀財經小知識。

體重
36 公斤

使用時機
當你感到內心匱乏時。

注意！注意！
00520 是非常值得投資的績優股！

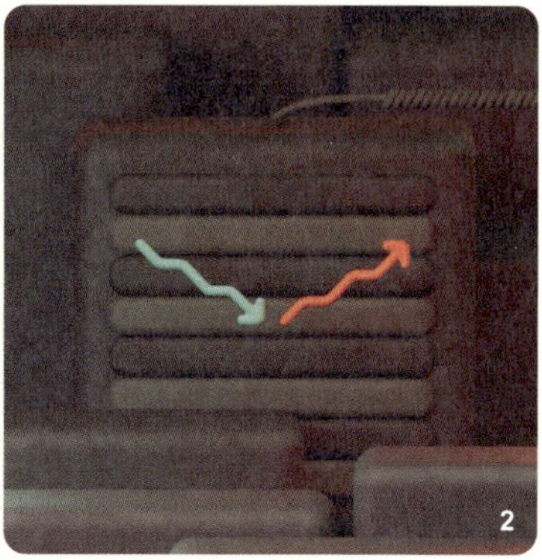

它的投資方法並不複雜：
逢低買進，逢高賣出。

當你狀態低落時，為自己投入愛；
狀態回升時，嘗試向身邊的人表達愛。

愛，是一種聰明的投資。無論回報
在自己或他人，最終都會使你富足。

這項投資不必等有足夠的愛才開始。
即使是微小的愛，
帶來的利息或許會比想像中多。

愛這件事，
就從微小的今天開始吧❤

00520 這個概念的成形，是因為我發現幸福會貶值。

人們對幸福的感受，並不是恆定不變的——就像是我們小時候得到一顆最喜歡的糖果，會珍貴地把它收進寶盒，等待某個特別的日子再打開來吃；但長大以後，當糖果變得平常，甜味依舊，卻不再帶來最初的驚喜。

糖果還是那顆糖果，沒有變難吃，只是我們的味蕾已經習慣了這種甜美，於是開始渴望新的味道。

有段日子，我的幸福感大跌，對於日常的一切都感到麻木，沒有特別發生什麼事，也沒有特別好奇什麼事。那段時間的生活很普通，大概就是，把一天複製七次變成一週，一週複製四次變成一個月，一個月再繼續複製下去，唯一的變化，也只有窗外的季節。

等我意識到有問題時，這樣的日子已經走過了兩個季節。

唯一值得慶幸的是，我還有一點點想改變的力氣。於是，我開始嘗試不同方式，找回我對生活的熱情。有點像是電影《靈魂急轉彎》一樣，我想要找到我生命的火花。

多和朋友聚會、買心動的小物、花更多時間閱讀書籍與電影都是擺脫麻木的嘗試，這些方法都很好，但讓我好得太慢了。

直到有天，我看到網路上有人也和我陷入了一樣的狀況，而他擺脫麻木的方式，是製作了一個計畫——**為自己的生活設定不同「主題月」。**

主題月是一種生活探索方式，在每個月設定不同的關鍵字，並圍繞這個主題進行體驗，閒暇時就去嘗試做那件事，讓生活保持新鮮感和熱度。也可以把這個計畫想像成一個人生的「不同副本」，每個月都能進入一個全新的世界，透過不同的主題去探索、挑戰，並收集專屬的回憶。

我第一次看到就覺得很新鮮，並且馬上開始計畫——影集月、甜點月、角色扮演月、都市傳說月……我設定了許多自己可能感興趣的「副本」，並列出主線與支線任務。完成任務還可獲得獎勵，而整個月的體驗心得也會寫成「通關攻略」，讓回憶以一種特別的形式被記住。

在影集月，我找到能和朋友熱烈討論的影集；在甜點月，我親手做出自己最喜歡的甜點；在角色扮演月，我體會到換個方式生活，也能以不同視角理解世界。

主題月的計畫，讓我重新找回對生活的好奇，也讓每個月的回憶變得更鮮明、有層次。而它的核心從來不是要逼自己「挑戰極限」，**而是用有趣的方式打破慣性，讓日子變得像一場探索遊戲，每個月都有新的關卡與收穫。**

這個計畫確實耗費了我更多時間與金錢，但這些都成為我對自己愛的投資，讓我的幸福感一點一點回漲。

在狀態低谷時，唯有先把愛投入給自己，我們才有能力讓內在的能量重新高漲，然後再把這份愛分享給身邊的人。

在試圖擺脫麻木的日子裡，我認知到幸福感確實會慢慢變淡，這沒什麼好隱瞞的。但不代表我們只能無奈地看著它消失，然後繼續過著一成不變的日子。當一切開始好像複製貼上，我們還是可以選擇用不同的方式，去為生活投資一點變數、一點冒險、一點新鮮感。

對我來說，主題月不是要求自己去完成多了不起的事，只是單純的提醒——**即使是再平凡的日子，也能成為一場值得探索的旅程。**

希望大家都能投資 00520，讓愛與幸福在你的生活中暴漲！

Chapter 7

當你終於抵達

然後帶著一路的收穫，

又再次出發。

35

重生日蛋糕

生日，是與自己的相遇日

插上不同歲數的蠟燭，吹一口氣，
時間開始倒轉，
你會回到蠟燭上的那一年。

回到 10 歲，去買早已絕版的玩具，
回到 18 歲，去用打工錢買點真正想要的，
回到 27 歲，去多赴幾場朋友的約……

生活不一定只能往前走，
偶爾停下來，和過去的自己相遇，
也是一種溫柔的前進。

關於重生日蛋糕，我想分享一件發生在22歲時的奇妙經歷。

那時剛進廣告業，完全是個新人，準備提案時遇到了一個怎麼想都想不通的問題。同事解釋過了，我還是不懂。那種感覺就像站在門口，看著團隊裡的大家都進去了，自己卻連門要怎麼推開都不知道。**我知道自己還很新，有些問題需要時間累積才能領悟，**可每天還是忍不住去煩惱它。

結果某天晚上，我做了個夢。

夢裡，有個聲音正在對我說話，但我看不見「她」的臉，只能聽見聲音。

她開始講解那個問題的思考方式，邏輯清晰，還舉了例子，像老師在上課一樣！而且，她太懂我卡住的點在哪，解釋得既精準又透徹，讓我目瞪口呆，忍不住問：「妳是誰？」

「她」回答：「我是27歲的妳哦。」

還來不及細問，場景就忽然切換，夢裡的我站在辦公室，正拿著這個問題的解法去問總監。總監聽完，點頭說：「沒錯，就是這樣。」

然後我就醒了。

醒來後，這個夢的真實感讓我一邊刷牙一邊懷疑：27歲的我，講的是真的嗎？還是我腦補出來的？但解法實在太清晰了，不試試看不甘心。於是，我鼓起勇氣，當天早上走到總監面前，開口說：「關於之前我卡住的問題，想問是不是……」

結果總監聽完，真的點頭說：「沒錯，就是這樣。」當下我愣住了，因為他的語氣、表情、姿勢，全都跟夢裡一模一樣。

這種夢後來也零零散散地出現過幾次。比如某次是有段時間身體一直發炎，怎麼看醫生都找不出問題，搞得我一直在吃藥，但都沒好轉。結果某天晚上，40歲的我跑來夢裡，果斷地說：「去看XX科。」

醒來後我半信半疑，但還是照做，結果醫生真的找到問題，治療後慢慢康復了。

我沒辦法控制這種夢什麼時候發生，只知道當我完全卡住、找不到方向的時候，它可能會出現，讓我在夢境中與未來的自己對話，獲得解答。

而現在，我也來到了第一次夢境中「她」的年紀——27歲。

相比22歲的自己，我確實更能讀懂世界的運行方式，也學會了如何與他人相處。**我知道有些問題當下無解，但時間會讓答案慢慢浮現。**如果可以，我也想透過這樣的夢境，用現在擁有的力量，回到過去，給那個困住的自己一點溫柔的提醒。

所以，後來除了生日，我開始多過一個「重生日」。

這一天，我會回頭看看自己走過的路，想一想那些曾經覺得過不去，但現在已經釋然的事情。讓思緒回到當年，試著用現在的眼光，與過去的自己對話。

我們總是用「年齡」來定義自己，但對我來說，不同歲數的自己從未消失。他們還在某個時間點上困惑著、掙扎著，等著被理解。我需要和他們對話，**去回應那些曾經困惑的自己，也是讓現在的自己更完整。**

生日，是與自己的相遇日。

有時，是與過去的自己相遇，才發現那些以為過不去的事，早就放下了。

有時，是與未來的自己相遇，想像自己會變成什麼模樣，會不會比現在更篤定一點。

有時，則是專注活在當下，好好看看現在的自己，確認自己還在這裡。

所以，吃下一口重生日蛋糕，回頭看看那個曾經的自己吧。
他還在等你，等你告訴他：「**你會找到答案的。**」

36

才華爆米花

相信自己就是一種才華

每吃一口爆米花，就會爆發一種才能。

想要靈感湧現，吃一口！
想要廚藝頂尖，吃一口！
想要記憶超群，吃一口！
想要身手靈活，吃一口！
想要幽默滿分，吃一口！

想要才華，不用等待天賦降臨，
只要不斷嘗試新口味就行（ˆᗜˆ）

你覺得，才華是天生的，還是靠後天努力？

在回答前，想先分享一件有趣的事。我在考大學時，因為統測分數不達標，沒辦法推甄。為了上理想的學校與科系，我最後是賭一把，靠分發上的。

也是在正式入學後，我才第一次真切意識到「才華」這兩個字的意義——不是指我，而是我的同學們。

一樣都是讀書、考試進來同一所學校，但就是可以清楚感受到人與人的不同。不只是學習能力的差異，而是某些人身上自帶的「才華」。

有些人好像天生對設計有一種直覺，不管是配色、構圖還是排版，做出來的東西總是比別人好看。他們能很快掌握到視覺上的平衡，而有些人（就是我）則是怎麼做都不對勁。

這件事在大一的時候讓我有點挫折。

當其他人都已經完成設計，開始分享作品時，我卻還在理解作業，糾結該怎麼下手。這樣的差距讓我開始懷疑，自己是否真的適合走這條路？或者，我應該在這個領域中尋找更適合自己的定位？

後來，我真的這麼做了。比起設計，我花更多時間培養組織與企畫能力——說「培養」好像有點太正式，實際上，只是因為在團隊合作中，其他人更能專注於設計，我就自然而然地成為負責統籌與溝通的角色。

那時候，在系上活動、課業小組、期末專題裡，我幾乎都擔任組長，負責規畫、協調，還有對外溝通。例如在期末報告時，我會先整理好分工，確保每個人都能完成自己的部分；在活動或展覽中，我則會負責與學校或外部單位聯繫，確保資源能夠到位。

總之，所有「沒人想做但又很重要」的事，最後幾乎都落到我手上。

雖然我偶爾也會懷疑，既然都在做其他事情，那我讀設計系幹嘛？但每當和優秀的同學們一起完成讓人滿意的作品時，那些懷疑就會漸漸被沖淡。**與其說我不適合這個領域，不如說我們都在發揮各自擅長的事，**而我的專長剛好不在設計上而已。

有點像自我安慰，但人總要為自己的選擇找點理由，作為繼續前進的信念。

總之，整個大學階段，是我對「才華」這件事認識最深，也是我意識到自己離它很遠的時期。

畢業之後，我理所當然地沒有走純設計，而是選擇了與組織、企畫能力更相關的廣告行業。雖然初入職場時仍然經歷了菜鳥的陣痛期，但我明顯感覺到自己與這個行業更加契合。

結果，有趣的事情就這麼發生了——在大學時期離我很遙遠的「才華」這個形容詞，卻開始頻繁落在我身上。

身邊的同事開始說我有才華，不但擁有獨特的技術、溫暖的眼光，也有成熟的組織與溝通能力。我開始聽到越來越多「你很有才華」、「你天生適合這個行業」、「這是老天給你的禮物」這類的話。

我很榮幸，卻奇妙地感受不到高興。因為才華這兩個字，曾經讓我感到挫折、焦慮，甚至懷疑自己。而現在，它卻變成了別人口中的「天生如此」。

可如果才華真的是天生的，為什麼過去的我覺得自己離它那麼遠，而現在卻突然被賦予了這個標籤？如果才華是靠後天努力累積的，那為什麼在我還沒意識到的時候，別人就已經替我下了定義？

我終於開始認真思考——**才華到底是什麼？**

說才華是與生俱來的，我不相信，但說它只靠努力便能擁有，又有點太傲慢了。

於是，我給自己下了一個暫時的結論：
才華不是一個固定的標籤，它會隨著時間和環境轉變，在一次次嘗試與累積中，慢慢浮現。

當我在不擅長的領域掙扎時，才華看起來像是一道無法越過的門檻；但當我走上適合自己的道路時，它卻變成一種順理成章的結果。如果能這樣想，才華也就不存在「擁有」或「沒有」的問題了。

現在的我，偶爾還是會幻想能有一桶才華爆米花，讓自己瞬間變強，擁有好多才華，好順利度過每個挑戰與低潮。**但比起再**

花時間去懷疑自己是否「夠有才華」，我更希望能去嘗試、去學習、去感受那些還沒觸及的可能性。

雖然找到發揮才華的領域可能需要花些時間，但相信自己能做到，本身就是一種才華了，不是嗎？

當你走上適合自己的道路時，
才華就會變成一種順理成章的結果。

37

感受集點卡

每種情緒，都是真實的我們

每種情緒，都是一張集點貼紙。

快樂時集一點，悲傷時也集一點，
憤怒、害怕、厭惡、嫉妒……通通能集點！

當集滿了這些感受，你會發現——
它們能換來更坦然的自己。

要記得，情緒沒有好壞，
處置得當，每種情緒都有力量。

我曾經因為一段觀眾的訊息，在公司裡掉下眼淚。

那是一次社群上限時動態的互動。我時不時就會用這種輕鬆的方式，了解觀眾的近況，也讓大家與我有一點微小但真實的連結。這類互動通常不會有太多來回，對話隨著24小時過去而被逐漸淡忘。我當然也想記得每段對話，但老實說——我的記憶力沒那麼可靠哈哈哈哈哈哈哈哈哈哈哈。過了幾個禮拜，那些故事通常就只停留在對話框裡了。

那天早上，我一如往常地提早到公司，邊吃早餐邊翻閱廣告案例。就在這時，Instagram的通知欄跳出幾段長訊息。是那種一眼就能看出「一定發生了什麼事」的長訊息。

我沒有猶豫，立刻點開來看。讀到一半，眼淚就掉下來了。

訊息來自一位兩個月前曾參與問答的觀眾A。看到她的訊息，往上滑，我立刻想起了那次的對話。A當時正準備報考某國外大學的醫學系，已經通過第一階段筆試，正在迎戰第二階段的面試。她的訊息非常條理分明，分析自己的焦慮來源、面對的壓力，還特別註明：她寫這段話只是為了抒發情緒，不需要我回覆。

我當然還是回了，畢竟我是治癒系創作者欸！而且這麼認真的訊息，怎麼忍心不理她！

A在現實生活中是個被高度信賴的人。她說自己面對面試壓力時，無法坦率地對周遭人說出內心的不安，因為大家都太相信她會成功了。**那份「不能讓人失望」的壓力，反而讓她越來越焦慮，**影響了準備狀態。她的語氣理性，但字裡行間藏著無聲的拉扯與煩惱。

當時我其實滿佩服她的。不只是因為勇敢報考國外的醫學系，更佩服她能誠實面對自己的脆弱，還願意對一個網路上陌生的創作者傾訴這一切。我把自己的想法回饋給A，也分享了類似的情況下，我可能會怎麼和自己對話，回覆的訊息框和A傳來的一樣長、一樣滿。

但我們並沒有繼續聊下去。直到兩個月後，她再次傳訊息來。她上榜了。

A說，在進入面試間前還是非常緊張，但她突然想起我傳給她的訊息，感覺有個人了解她，並且在支持著她，於是內心就變得平靜了。在等待結果的這兩個月間，她並沒有找過我，只是在結果出來後，和我分享她的喜悅，並感謝當時的對話。

看著那段訊息，我的內心泛起一陣漣漪。我突然很想問自己：明明只是社群上的簡單互動，明明我只是個創作作品的人，為什麼能深刻地參與一個人的人生？幾句真誠的對話，真的能為一個人驅散陰影嗎？

她可能不知道，那些訊息帶給我的不只感謝，還有安慰。

有一段時間，我其實對自己的創作毫無把握，但她的出現，讓我意識到——原來我正在做的事，並不只是「做作品」，而是能確確實實影響別人，並且參與著某個人人生裡，一段很真實的時刻。

我想，最初開始創作的理由，可能不是為了得到誰的回應；但願意繼續創作下去的原因，**或許就是因為這些真誠的人和真實的情緒吧。**

「人的複雜與瑕疵，是使他變得生動的細節。」忘記是在哪讀到這句話了，但好像很適合當這篇的結尾。不管我們本身是怎樣的人，產生任何情緒，都是自然的。情緒不需要被貼上好與壞的標籤，它們本來就該存在、被看見、被記錄。

未來，我會像觀眾A一樣，承認各種情緒與感受，然後把它們都貼進感受集點卡，不會隱藏、不會逃避，也不會美化。因為這些感受，都是我們有血有肉、有情緒、有自我的證明啊。

38

另一個我明信片

那些還沒成眞的願望，
其實都並沒有過期

另一個我明信片，
是來自平行時空的問候，
寫滿了另一個你的日常片段。

你好奇那個走上不同路徑的「他」
過得如何嗎？

走得更遠的你。
與誰告別的你。
沒有退路的你。
學會原諒的你。
轉頭向前的你。

這張明信片，是另一個自己寄來的提醒。

要選擇繼續現在的生活，
還是做出不同的決定，成爲另一個自己？

每當人生迎來重大選擇時，我都會寫下一封信。

這封信不只記錄某個事件，也記錄當下的自己——常掛在嘴邊的話、此刻發生的新聞、窗外的天氣、正在經歷的煩惱，以及當時堅持相信的事。**這些細瑣的紀錄看似平常，卻會在多年後成為回望自己的重要線索。**

讀著信裡那些曾讓我糾結不已的事情，竟然會冒出「這誰寫的啊？」的想法。就像偷翻了陌生人的日記，裡頭的情緒濃烈又真誠，我卻對那些煩惱毫無印象。時間推著我一直往前走，曾以為會記一輩子的事情，最後卻只剩模糊的筆跡，偶然翻到，才發現自己早已與過去分道揚鑣了。

對我來說，**每做一次選擇，都是與另一種人生的自己道別。**

有時說了再見，便可能永遠不會再見；有時也會在多年後，以另一種形式與你相遇。

就像2025年的過年，我在整理房間時，翻出了兩年前寫給自己的信。那時的我剛剛做出離開職場的決定，整個人生軌道大轉彎。我在信中寫下了對未來的許多期待，其中有一個至今仍未實現——

我說，趁著離職、還不那麼忙的這段時間，要自己去日本生活三個月。不走觀光行程，也不為了工作，就選個城市住下來，每天煮飯、晃超市、搭慢車、看人來人往，過一種跟以往完全不同的生活。當時還寫得很有決心：「在踏進下一個職場之前一定要去，不然又會忙到沒日沒夜。」

結果呢？我真是太懂我自己了。

現在確實還沒進入下一個職場，倒是自己開了間工作室，變成全職的老闆兼打工人，一樣忙到沒時間實現這個願望。重讀那段話時，我忍不住笑了出來。原來過去的我，早就預言了現在的我，只是根本沒照著自己的叮嚀行動。

那封信，像是一張過去的我寄來的明信片。它沒有催促，也沒有責備，只是靜靜地說：「你那時候有這樣想過哦。」提醒著我，那些還沒實踐的事情，其實並沒有過期。**如果我現在看到這些文字還是會心動，那就表示，我還是可以讓它成真。**

有些當時沒做的選擇，如今回頭看，也許真的已經錯過了。但也有些仍然擺在眼前，就只差跨出去的那一步而已。

不如現在就來寫一張明信片，給未來的自己吧！

與停滯在目前生活的自己道別，做出另一個選擇，成為那個有點陌生，卻又讓自己嚮往的樣子。

如果你也有一點點這樣的期待，就在另一個我明信片上寫下你此刻的願望吧！

TO

Be who you want to be

TOMORROW

39

明天繪成真畫紙

追求夢想的路上，你從來不是一個人哦

在今天結束以前，畫下你想見的明天，
然後，把畫紙放在枕頭底下。

睡一覺醒來，
你的明天就會照著畫裡的模樣前進！

（提示：畫技不好的人建議加註說明，
避免出現「疑似狗」的戀人，或「像雲一樣」的鈔票等怪東西。）

跟很多學設計的人一樣，我小時候也很愛畫畫。每當被問「長大想當什麼？」我總會天真地回答：「畫家！」

雖然在高中前沒有系統性地學過畫畫，但可能是家族遺傳，我的外婆、媽媽、哥哥、姊姊都很會畫畫。長輩們愛畫風景，我們則畫最近著迷的動漫。我甚至曾用《真珠美人魚》的畫跟同學交換糖果，真的是從小就開始接案（？）。

但即使如此，當我高中升學時，美術或設計類並不是我的首選志願。

小時候可以無所顧慮地談夢想，但選志願那刻，考慮的不只是「喜歡」，還有就業、收入、穩定與否——即使我沒想到，大人們也會幫我在意。

當時比我大六、七歲的哥哥姊姊一個學化工，一個學會計，輪到我時，家人也希望我報考家附近的國立會計系。

那些童年的畫作，其實沒有在我心裡留下多大的重量。它們只是堆在房間角落的紙，想丟也不難。於是我開始備考會計系，跟著哥哥姊姊的腳步努力。

但經過幾次模擬考後我不得不承認：我真的不是讀書的料！

會計系的錄取分數完全不可能達到，除非換一顆腦袋去考。再加上哥哥姊姊都有「全國前OO名」的光環，作為家中最後一位考生，壓力只多不少。當時的我很迷惘，家人要我拚國立，老師叫我選興趣，我每天都很累。讀書很累，找興趣也累，整個升學過程都讓人疲憊。

除了美術課。

國三那年學校有個傳統，每位畢業生要畫一張「畢業圖」，最高票會成為畢冊封面。雖然我早就不打算當畫家，但圖還是可以畫嘛。

那張小小的畫紙，變成我那段日子唯一的喘息。

某次美術課後，老師走過來對我說：「妳的畫很有創意，我滿喜歡的。但……妳應該沒學過畫畫吧？如果想被選上封面，可能還得再加把勁。」

老師不知道畫畫對我來說，其實已經沒有「明天」。她只是看我每堂課都很專注，希望我能完成一張沒有遺憾的作品。但那時的我，備考就已經耗盡所有力氣，哪還有餘力重畫？

就在那幾天，班導師私下找我到教室一角，說：「最近有一間新設立的縣立學校，是設計類的，雖然還沒有學生，但看起來不錯，妳要不要試試？」

我忘了自己怎麼回答的，只記得當晚班導打了一通電話，用了一整夜來說服我媽。我們最後決定：用我的在校成績去推甄那間學校。

也許是因為有了後路，我膽子變得大了一點。那天晚上，我跟媽媽說：「我想排幾天時間，把那張圖重畫一次。」媽媽不太同意。她總是說畫畫未來會很辛苦，混不了飯吃。但她也沒硬要我放棄，我就這樣偷偷畫了（考不好是有原因的，有夠不聽話）。

我畫到深夜，繳件的最後一天才勉強完成。看著畫紙，我心情極度低落。原來，帶著壓力畫畫，是這麼不快樂的事。我好像懂媽媽說的「辛苦」是什麼意思了。總之，我並沒有在短時間內畫得多厲害，頂多就是比原本那張好一點，但還是有不少瑕疵。太晚了，我簡單收拾畫具，把畫攤平在書桌上晾乾，就上樓睡覺了。

「反正就只是一張畫而已。」我有點賭氣地想。

隔天因為熬夜睡過頭，我匆匆忙忙收起畫就出門上學。一到學校就去找美術老師繳交成品。也不知道是因為心虛還是怎樣，我一路上都沒有再打開那張畫，大概是想眼不見為淨吧。

沒想到，美術老師一打開，居然驚訝地說：「妳進步很多耶，畫得很好！」

怎麼可能！

這時，我才終於專心看向那幅畫。只能說，那不是我畫的——準確來說，不是「只有我」畫的。

畫面中的光影更自然了，細節與筆觸也更成熟。我腦袋當機，一整段對話都沒聽進去，只覺得哪裡不對。放學回家，我立刻問媽媽。她才坦白：我去睡覺後，她一個人走進書房，默默幫我把畫補完了。

那個最反對我走設計的媽媽，半夜卻幫我把圖畫得更好。

後來，我順利推甄進那所沒有學生的新學校，成為第一屆的學生。那張畫也拿到最高票，順利成了畢業紀念冊的封面。畢業那天，看到同學們拿著我（和我媽）畫的那張圖到處簽名，**那張曾經被我看輕的畫紙，終於在我心裡有了重量。**

求學路上我其實有很多不理解，不理解成績有什麼用、不理解為什麼得犧牲喜歡的東西、不理解為什麼人生要那麼累，只為一個「更好的明天」。但美術老師的鼓勵、班導的推薦和媽媽的改變都讓我發現，**為了這個「明天」在努力的人，並不是只有我一個。**

成長至今，我雖然沒有成為畫家，但我的人生被許許多多人幫助過，就像那天深夜，媽媽在畫上添的那幾筆。

現在，我的未來已經比原本預想的明天，還要更好了。

✺ ✺ ✺

追求夢想的路上，

你從來不是一個人哦！

給你的
一段故事

什麼都不柿

什麼都不是的我，
不需要是什麼

身高
8 公分

個性
喜歡自言自語，
不太合群，走路很慢。

體重
168公克

使用時機
任何時候。

我是一顆柿子，
也什麼都不是。

不是顆合群的水果。

不會出現在飲料店上的主打，
也不會成為甜點上的點綴……

……可是，
我誕生在那美麗的秋天。

落地之前，
有著很長很長的積累。

我不是什麼，
只因為我不需要是什麼。

只讓自然決定我的形狀，
不對任何身分產生歸屬感。

我不必是什麼，
我是一顆柿子。

8:05，鬧鐘響起，一天又開始了。

之所以設定這個時間，是因為我生日是八月五日，在這個時間點起床，有種重新出生的感覺。

發明了這個浪漫的起床方法後，我賴床的機率大幅降低。但天氣還是有影響，陽光照不進房間的日子，我的生日可能會變成九月，或是十月。

還好今天陽光有來探望我的棉被。

準時起床開始規律的一天。10分鐘洗漱、30分鐘吃早餐、15分鐘發呆滑社群，是每日工作前的待辦清單。因為不用出門上班，所以省去了30分鐘的梳妝時間，哈！難怪自由工作者成為我做最久的職業。

所謂的自由工作者，時間就是最自由的。但我沒給自己這樣的機會，趁上午工作的房間還留得住陽光，我扮演著一名標準的晨型人。確認今日工作事項、回覆信件、思考新作品的創作脈絡。唯一會讓我分心的，是大數據隨機推播的音樂。總有幾首不合時宜，我會偷偷罵它沒品味，然後再傻呼呼地笑，覺得其實是罵到了自己。

下午扮演的角色就更豐富了。

跟客戶提案時，是氣場全開的獅子座；執行案子中，是動力十足的生產者；討論會議裡，是運籌帷幄的ENFJ；回到社群帳號，則是溫和柔軟的木木。

這些角色歷經成長，默默地成為「我」的固定班底，與我相處愉快。

對了，喜歡看得見陽光的好天氣，還有另一個原因。

傍晚時段，接近下班時間，我會離開坐了五個小時的座位，前往陽台。因為是鄉下地方，陽台望出去的天空沒有高樓，緩緩降落的夕陽成為視線構圖中唯一的元素。夕陽從刺眼的黃，慢慢變成一顆成熟又誘人的橘，勾引我去摘下它，在天黑之前收成與收工。

我會特別將這些夕陽拍下來，留存在我的手機相簿裡。真是奇怪，明明這幅窗景每天都看得見，我卻還是想記錄。可能是想在日日更新的景象中，把握住每個獨一無二的片刻。

偶爾在陽台欣賞太久，甚至會捕捉到經過的飛機的畫面。明明以前讀書時只覺得吵，還有可以拿噪音補助很好，但不知道什麼時候開始，飛機劃過天際的聲音會引起我的好奇心，好奇上面的乘客是什麼身分，因為什麼原因出發，又為什麼選擇某個城市降落。

不能好奇太久，因為陽台蚊子很多，肚子很餓，我需要回到室內，回到現實。

回到電腦前，收尾剛剛因為觀賞夕陽而耽擱的工作，好煩！但好在現實中，也有爸媽準備好的溫暖飯菜，有很配飯的電視節目，有剛更新的小說與漫畫，還有溫度合宜的洗澡水。

隨著剛剛好的水溫落在赤裸的身體，我突然想起當初「什麼都不柹」這個道具，也是在洗澡的時候想到的。為什麼世間很多創作都誕生於創作者洗澡的時候啊？是因為感官被溫水包覆，大腦的想法也跟著裸露出來了嗎？還是這世界本來就設定好洗澡＝想法會變多？如果是這樣，又是誰做出這樣的設計呢？那個「誰」又為什麼設定我是這樣的人呢？

洗澡時，真的很適合思考這些順水流下又被水沖走的問題。

至此，從早上8:05睜眼開始，時針已經走超過14個小時。作為一名早起的人，晚上10點回到床上，是我應得的。滑一會兒手機，翻幾部漫畫，看向床頭擺著的《流下來的眼淚就當給自己澆澆水》，我眨眼的速度越來越緩慢，視線矇矓間又想起一件事——在這本書出版前，編輯找上我的那封邀約信中，好像提到了「什麼都不柿」，說看到這個道具被觸動了；說自己的床頭就有幾本當成護身符的書，在睡前翻閱能換來面對明天的勇氣；說我們有沒有機會一起打造這樣的書……

…………

一本不需勵志、不指引方向、也不一定要有用，只是單純能陪伴你的書。

做得好或不好，也沒關係了。

因為——什麼都不是，就是這本書最棒的存在方式。

流下來的眼淚
就當給自己澆澆水

作　　者 | 木木の口袋

責任編輯 | 黃蕨萕 Bess Huang
責任行銷 | 曾俞儒 Angela Tseng
封面裝幀 | 高郁雯 Aillia Kao
內頁設計 | 高郁雯 Aillia Kao
版面構成 | 譚思敏 Emma Tan
校　　對 | 李雅蓁 Maki Lee

發 行 人 | 林隆奮 Frank Lin
社　　長 | 蘇國林 Green Su

總 編 輯 | 葉怡慧 Carol Yeh
主　　編 | 鄭世佳 Josephine Cheng
行銷經理 | 朱韻淑 Vina Ju
業務處長 | 吳宗庭 Tim Wu
業務主任 | 鍾依娟 Irina Chung
林裴瑤 Sandy Lin
業務秘書 | 陳曉琪 Angel Chen
莊皓雯 Gia Chuang
發行公司 | 悅知文化 精誠資訊股份有限公司
地　　址 | 105台北市松山區復興北路99號12樓
專　　線 | (02) 2719-8811
傳　　真 | (02) 2719-7980
悅知網址 | http://www.delightpress.com.tw
客服信箱 | cs@delightpress.com.tw
ISBN：978-626-7721-29-2
建議售價 | 新台幣450元
初版一刷 | 2025年08月

國家圖書館出版品預行編目資料

流下來的眼淚就當給自己澆澆水/木木の口袋著. -- 初版. -- 臺北市：悅知文化精誠資訊股份有限公司, 2025.08
面；公分
ISBN 978-626-7721-29-2 (平裝)
1.CST: 自我肯定 2.CST: 自我實現 3.CST: 生活指導

177.2　　114009001

建議分類 | 心理勵志

悅知文化 Delight Press

線上讀者問卷 TAKE OUR ONLINE READER SURVEY

眼淚落下的同時，我們也在學著釋放壓力，適應變化，讓原本難以承受的事，慢慢地變得能夠克服。

——《流下來的眼淚就當給自己澆澆水》

請拿出手機掃描以下QRcode或輸入以下網址，即可連結讀者問卷。
關於這本書的任何閱讀心得或建議，歡迎與我們分享 ◡̈

https://bit.ly/3ioQ55B